Evalúa y Decide

*Evaluación
de las propuestas de los candidatos
a la Presidencia 2006*

 **Centro de Estudios Espinosa Yglesias**

Evalúa y decide.
Evaluación de propuestas de candidatos a la Presidencia.
Elecciones 2006

Serie: *Evaluación de candidatos*
Centro de Estudios Espinosa Yglesias, A.C.

CEEY Editorial
ISBN 968-9221-01-9

© Centro de Estudios Espinosa Yglesias, A.C.
Las Flores 64A
Col. Tlacopac
Álvaro Obregón, CP 01040
México, Distrito Federal
www.ceey.org

Impreso en México

ÍNDICE

II. METODOLOGÍA

A. Materiales

El proyecto *Evalúa y Decide* se compuso de tres rondas de evaluación con el fin de dar cuenta de las modificaciones que los candidatos hicieran a sus respectivas propuestas en los distintos momentos de las campañas.

Para determinar el material a evaluar en la primera ronda, el CEEY entró en contacto con los equipos de los candidatos del PAN, PRI y PRD para notificarles del proyecto y solicitarles que indicaran los materiales relevantes. Cada equipo señaló tres fuentes. La primera fuente fue un libro (El reto de México, de Felipe Calderón Hinojosa; Bases para un gobierno firme y con rumbo, de Roberto Madrazo Pintado, y 50 compromisos para recuperar el orgullo nacional, de Andrés Manuel López Obrador). La segunda fuente de información se compuso de los documentos que los candidatos entregaron a Televisa para la realización del programa Diálogos por México. Las plataformas electorales registradas ante el IFE constituyeron la tercera fuente.

Luego de dar a conocer los resultados de la primera etapa, el CEEY pidió a los equipos de campaña del PAN, la coalición Alianza por México y la coalición Por el Bien de Todos que colaboraran en la siguiente fase de *Evalúa y Decide* de dos maneras: nombrando un representante para reunirse con los evaluadores en mesas de análisis temáticas y enviando los nuevos documentos de posicionamiento que fueran produciendo. Para formarse una opinión, los panelistas tomaron en cuenta tanto las presentaciones orales como los materiales recibidos (en proporción distinta en cada área), junto con la versión estenográfica del pimer debate. Solo se consideraron las ponencias de personas que fueran representantes oficiales de los candidatos. El PAN y la coalición Alianza por México enviaron representantes a las cinco mesas de análisis que organizó el centro; la coalición Por el Bien de Todos, únicamente a la de economía. Los materiales se enlistan en el anexo II.

El CEEY enfatizó la importancia de que los representantes de los candidatos expusieran mejor sus ideas, y la de señalar omisiones y deficiencias del proceso previo, sobre todo en lo concerniente a la selección de los materiales con los que se realizó la primera evaluación. La única observación importante al respecto provino del representante del candidato López Obrador en el área de Economía. En la mesa indicó que la información más cercana a la visión del candidato se encontraba en Diálogos por México y que por lo tanto había que darle preeminencia sobre los otros documentos. Ahí se señaló que había diferencias con lo planteado en la plataforma electoral de la coalición Por el Bien de Todos, en particular en cuanto al tema de Política Monetaria y Tributaria. Dado que esta misma diferencia ocurría en otras áreas como Estado de Derecho y Educación, por moción del propio equipo de campaña de la coalición Por el Bien de Todos se decidió hacer una revisión exhaustiva de *Diálogos por México* e incorporar toda la información posible. Cada panel de evaluadores conoció de este hecho y lo tomó en cuenta en esta segunda evaluación. Para guardar la equidad y consistencia del proceso, el CEEY decidió que la revisión de *Diálogos por México* incluyera todos los temas de los tres candidatos considerados en este ejercicio. Esto explica en alguna medida los cambios en las evaluaciones de ciertos temas.

En la tercera evaluación el CEEY tomó en consideración los últimos documentos de los candidatos, la versión estenográfica del segundo debate, el libro *En negro sobre blanco. Los candidatos se comprometen por escrito* coordinado por Federico Reyes Heroles y Eduardo Bohórquez, así como los temas que no se calificaron en las primeras etapas (Turismo, Política Industrial, Pueblos y Comunidades Indígenas, Equidad de Género y Grupos Vulnerables).

B. Sesiones

El CEEY agrupó las propuestas en cinco áreas: Económica, Política, Estado de Derecho, Social e Internacional, y las entregó a expertos, académicos, miembros de ONG y consultores para que las evaluaran según su especialidad.

Con el fin de promover el intercambio de ideas, el CEEY aplicó la llamada "Regla de Chatham House" tanto en las mesas de análisis como en las reuniones de evaluación. Según este criterio, los participantes pueden usar la información que reciben pero se comprometen a no divulgar ni la identidad ni la afiliación de quienes tomen la palabra. Se llevó un registro de los argumentos y comentarios, pero no de quién dijo qué. No se grabaron las sesiones.

Para las sesiones de evaluación los evaluadores revisaron de antemano las propuestas de cada etapa agrupadas por tema y se presentaron a la reunión con las calificaciones de cada uno. Al abrirse la discusión, quienes lo desearon comentaron el tema en cuestión y explicaron su calificación. Los evaluadores buscaron asignar una calificación por consenso.

El propósito de la deliberación conjunta fue complementar las opiniones individuales y llegar a una apreciación que reflejara el sentir del comité. Cuando se presentaron diferencias importantes o cuando la mayoría lo prefirió, se tomó el promedio de las calificaciones personales como la evaluación del comité. Aquellos evaluadores que no pudieron asistir a la sesión, o a parte de ella, entregaron sus evaluaciones por separado y se promediaron con los resultados de la sesión colegiada de evaluación. En los casos en que los candidatos no presentaban temas o éstos eran muy incompletos, la calificación fue estrictamente cualitativa: "no presentado con suficiencia" (NP), y el comité lo tomó en cuenta para su ponderación. Por último se evaluaron las áreas temáticas en su conjunto.

C. Criterios de evaluación

a) Diseño (35%)

1. Identificación del problema:
- Identifica el problema con claridad.
- Elabora un diagnóstico adecuado del problema (características, causas, consecuencias, magnitud y oportunidades de mejora).
- Define el problema de manera clara y concreta.

2. Objetivos y metas:
- Determina objetivos claros y específicos.
- Se establecen metas concretas.
- Los objetivos son coherentes con el problema y entre sí (en caso de haber más de uno).
- Se determinan los tiempos en que se espera cumplir con las metas.
- Los objetivos y metas son susceptibles de medición o verificación.

3. Focalización:
- Especifica la población objetivo o beneficiaria de la política.
- Especifica las necesidades de la población objetivo.
- Cuantifica los posibles beneficiarios.
- Se consideran posibles actores afectados.

4. Impacto esperado o resultados:
- Define los cambios o resultados que esperan en la situación específica.
- Los resultados esperados son susceptibles de verificar.
- Los resultados esperados son relevantes.

5. Justificación
- Expresa argumentos que justifican la propuesta.
- Ofrece evidencia para apoyar los argumentos.
- Persuade o convence con la justificación.

6. Recursos:
- Identifica los recursos necesarios para llevar a cabo la propuesta.
- Cuantifica los recursos.
- Señala las fuentes de donde se van a obtener los recursos.

b) Viabilidad (35%)

7. Viabilidad técnica:
- La propuesta es técnicamente viable.
- La propuesta se sustenta en datos y cálculos correctos.
- Existen otras experiencias, equivalentes o similares, que demuestren o apoyen la factibilidad de la propuesta.

8. Viabilidad jurídica:
- La propuesta se ajusta al orden jurídico y no hay restricciones que la hagan inviable.
- Identifica la necesidad de cambios en Constitución, leyes o reglamentos.
- Los cambios jurídicos están dentro de las facultades del Ejecutivo o son facultad de otras autoridades, como el Congreso, las entidades o los municipios.

9. Viabilidad política:
Si la propuesta requiere de una acción del Congreso o de negociación política en otras instancias para llevarse a cabo, considera si:
- Es factible que la propuesta pueda lograr el apoyo político de los grupos parlamentarios.
- Es factible que la propuesta consiga el apoyo político de otros actores políticos interesados (no del Congreso).
- Es factible que la propuesta logre la coordinación con las entidades federativas y/o municipios.

10. Viabilidad económica y presupuestal:
- La propuesta tiene sustento en un análisis costo-beneficio.
- La propuesta es vulnerable a fluctuaciones económicas.
- La propuesta enfrenta restricciones presupuestales, o éstas son salvables.
- La propuesta requiere de mayor gasto público para llevarse a cabo.

c) Implementación y evaluación (30%)

11. Líneas de acción:
- Determina las líneas de acción concretas para implementar la propuesta.
- Hay coherencia entre las acciones contempladas.
- Precisa prioridades en las líneas de acción.
- Especifica los tiempos para realizar las acciones.
- Se prevé un sistema de monitoreo y verificación de la implementación.

12. Actores:
- Está definido qué actores, públicos y privados, van a participar en la ejecución y toma de decisiones de la política pública.
- Se prevé la forma en que van a incorporarse y participar en la ejecución y toma de decisiones los actores públicos que no son parte de la administración pública, y los actores privados.
- Se establecen mecanismos especiales de rendición de cuentas a estos actores públicos y privados que no forman parte de la administración pública.

13. Administración Pública:
- Se especifica qué órganos de la Administración Pública van a participar en la implementación de la propuesta.
- Se contempla la creación de algún organismo público para la implementación de la propuesta.
- Se prevé la forma en que van a incorporarse y participar en la ejecución y toma de decisiones los organismos que son parte de la administración pública.
- Se prevén restricciones provenientes del diseño y operación de la administración pública, ¿son salvables?
- Se prevén resistencias de la propia burocracia o sindicatos, ¿en realidad son salvables?

14. Evaluación:
- Contempla un sistema de evaluación del programa.
- Determina los criterios de evaluación.
- Define los indicadores para medir el grado de cumplimiento.
- Determina la forma en que los resultados van a utilizarse o incorporarse a las subsecuentes redefiniciones de la política pública.

Además, los evaluadores asignaron una calificación al área temática en su conjunto, para lo cual ponderaron las siguientes cuestiones:
i ¿La propuesta del candidato, en su conjunto, atiende a los problemas principales del país?
ii ¿Del conjunto de propuestas (temas), el candidato establece cuáles son los problemas prioritarios a ser atendidos?
iii ¿La propuesta tiene elementos innovadores en alguna de las áreas o temas?
iv ¿La propuesta en su conjunto contiene una dimensión de género, es decir, considera medidas destinadas a satisfacer necesidades diferenciadas y a otorgar igualdad de oportunidades de desarrollo en los distintos ámbitos en los que participan mujeres y hombres? ¿Se contemplan políticas de género transversales o solamente se contemplan programas específicos y aislados de otras políticas públicas?

v   ¿Existen experiencias en otros países de América Latina que nos permitan comparar alguna de las propuestas? Si existen, ¿qué resultados han tenido?

vi En conclusión, ¿cuáles son los aciertos y fortalezas del conjunto de propuestas o programa de gobierno de los candidatos? ¿cuáles son sus errores y debilidades?

D. Calificación

Las propuestas de Felipe Calderón Hinojosa, Roberto Madrazo Pintado y Andrés Manuel López Obrador fueron calificadas agrupadas por tema (por ejemplo, en el Área Política un tema fue Poder Ejecutivo) con base en los criterios descritos arriba. En las sesiones, al tema se le asignó una nota entre -5 (pésimo) y 5 (excelente), donde 0 indica medianía. Esta escala tiene la ventaja de proveer un rango amplio de medición y, a diferencia de la escala del 0 al 10, no asigna intuitivamente una connotación negativa al 59 por ciento de los valores. Para su presentación al público, se aplicó una transformación matemática a las calificaciones para llevarlas a la escala de 0 a 4 (0 = muy mal, 1 = mal, 2 = regular, 3 = bien, 4 = muy bien) que refleja mejor la naturaleza cualitativa del ejercicio.

En general, la evaluación de las propuestas según los diferentes criterios fue directa (si poseen los elementos de cada criterio reciben mayor calificación). No obstante, se dieron casos de propuestas viables por no requerir sino conservar lo existente, pero que a la vez, según un criterio de diseño (mala justificación o pobre identificación de objetivos), se consideraron dañinas para el país. En esos casos, la calificación era mala o cuando menos considerablemente más baja de la que hubiera obtenido bajo el sólo criterio de viabilidad.

E. Los evaluadores

Los evaluadores constituyen un selecto grupo de académicos, miembros de organizaciones no gubernamentales y consultores independientes destacados, todos ellos respetados en su medio. La selección de cada uno, realizada por el CEEY, se basó en su trayectoria profesional y probidad intelectual, así como en su diversidad institucional y de orientación ideológica. Además se tomó en cuenta su disposición a discutir en grupo las propuestas de los candidatos y a emitir un juicio al respecto. Su trabajo fue a título personal y sin remuneración alguna.

Evaluadores del Área Estado de Derecho:

Dra. Ana Laura Magaloni, CIDE
Dr. Sergio López Ayllón, CIDE
Dr. Marcelo Bergman, CIDE
Dr. José Antonio Caballero, UNAM - IIJ
Dr. José Roldán Xopa, ITAM
Prof. Ernesto López Portillo, Instituto para la Seguridad y la Democracia
Dr. Alfonso Oñate, Consultor

Evaluadores del Área Política:

Dr. Francisco Valdés Ugalde, UNAM - IIS
Dr. Benito Nacif, CIDE
Dra. Irma Méndez de Hoyos, FLACSO
Dra. Laura Sour, CIDE
Dr. Francisco Sales, CIDE

Evaluadores del Área Economía:

Dr. Fausto Hernández Trillo, CIDE
Dr. Pablo Cotler, UIA
Dr. Enrique Dussel, UNAM - FE
Lic. Benito Solís Mendoza, Despacho de Asesoría Financiera Benito Solís y Asociados
Mtro. Jonathan Heath, HSBC, Director de Estudios Económicos
Dr. Jaime Zabludovsky, Consultor, Soluciones Estratégicas
Mtro. Vicente Corta, Consultor, White & Case LLP Lawyers
Dr. Manuel Gollás, Colegio de México
Dr. Fernando Salas, Grupo Salas
Dr. Pascual García Alba, ITESM
Dr. Kurt Unger, CIDE
Dra. Lorenza Martínez Trigueros, ITAM
Mtro. Juan Pablo Arroyo, UNAM

Evaluadores del Área Social:

Dr. Alejandro Guevara Sanginés, UIA
Dr. John Scott Andretta, CIDE
Mtro. Ricardo Samaniego Breach, ITAM
Mtro. Rodolfo de la Torre, UIA
Dr. Carlos Mancera Corcuera, Valora Consultoría Educativa

Mtro. Juan Pablo Arroyo, UNAM
Mtra. Ana Luisa Guzmán, CONABIO
Mtra. María de la Paz López Barajas, Consultora
Mtro. Mario Luis Fuentes Alcalá, Centro de Estudios e Investigación en Desarrollo y Asistencia Social

Evaluadores del Área Internacional:

Dr. Gustavo Vega, Colegio de México
Dra. Ana Covarrubias, Colegio de México
Dr. Antonio Ortiz Mena, CIDE
Dra. Guadalupe González, CIDE
Dr. Jorge Montaño, COMEXI
Dr. Arturo Borja, COMEXUS
Dr. Leonel Pereznieto Castro, UNAM, Consultor
Dr. Jaime Zabludovsky, Consultor, Soluciones Estratégicas
Dr. José Luis Valdés Ugalde, UNAM - CISAN
Mtro. Jesús Velasco, ITAM

III. RESULTADOS

Evaluación de las Propuestas de los Candidatos a la Presidencia de la República 2006

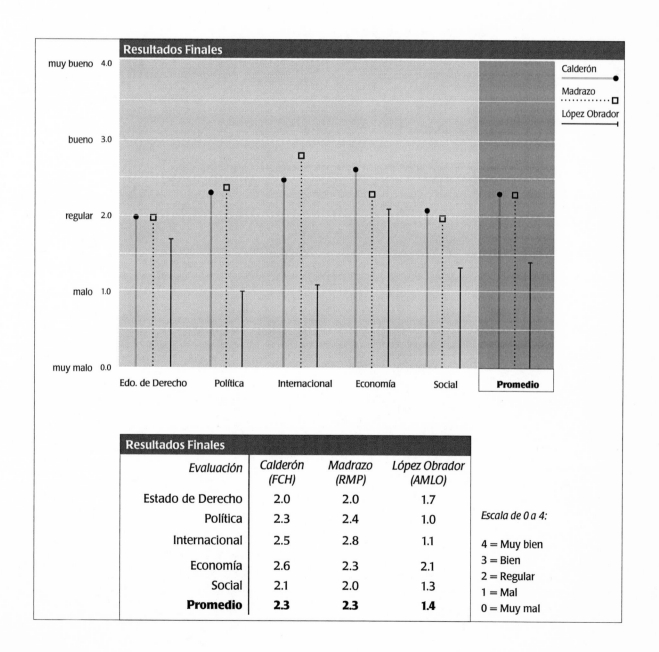

Resultados Finales			
Evaluación	*Calderón (FCH)*	*Madrazo (RMP)*	*López Obrador (AMLO)*
Estado de Derecho	2.0	2.0	1.7
Política	2.3	2.4	1.0
Internacional	2.5	2.8	1.1
Economía	2.6	2.3	2.1
Social	2.1	2.0	1.3
Promedio	**2.3**	**2.3**	**1.4**

Escala de 0 a 4:

4 = Muy bien
3 = Bien
2 = Regular
1 = Mal
0 = Muy mal

LAS CALIFICACIONES DE LOS TRES CANDIDATOS MEJORARON perceptiblemente a lo largo del proceso. En la primera etapa del proyecto, la calificación agregada de las propuestas de Felipe Calderón Hinojosa y Roberto Madrazo Pintado estaba entre mala y regular, en tanto que la de Andrés Manuel López Obrador era mala. Al final, los primeros obtuvieron un balance un poco mejor que regular, en tanto que el del tercero estuvo entre malo y regular (la calificación de López Obrador equivale a dos terceras partes de la de sus adversarios).

Por áreas, Felipe Calderón puntea en Economía, mientras que Roberto Madrazo lo hace en Internacional. La diferencia entre ambos es mínima (menor a 5 por ciento) en Estado de Derecho, Política y Social. El área mejor calificada, con una nota casi buena, fue Internacional de Roberto Madrazo.

Felipe Calderón obtuvo la mejor calificación en 19 temas, Roberto Madrazo en 16 y Andrés Manuel López Obrador en 2. Estas posiciones se mantienen si desglosamos por criterios (la ventaja de Calderón es mayor en diseño y se reduce en viabilidad e implementación).

Durante el desarrollo del proceso el CEEY recibió comentarios sobre una posible ponderación excesiva del criterio de implementación. Se nos dijo que no debía esperarse de las propuestas la especificidad de un plan de gobierno porque la consecuencia eran evaluaciones incorrectamente bajas. Para determinar si el nivel general de las calificaciones se debe al criterio de implementación, se realizaron cálculos sin incluirlo. Las conclusiones del proceso se conservan al considerar sólo diseño y viabilidad: la nota global de Calderón sube solo 2 décimas, las de Madrazo y López Obrador una (la escala contiene 40); el número de temas que cada quien ganaría es el mismo.

Resultados Finales Sólo con criterios de diseño y viabilidad				
Evaluación	**FCH**	**RMP**	**AMLO**	
Estado de Derecho	2.2	2.3	2.0	*Escala de 0 a 4:*
Política	2.6	2.6	1.0	
Internacional	2.6	2.8	1.2	4 = Muy bien
Economía	2.7	2.3	2.1	3 = Bien / 2 = Regular
Social	2.2	2.1	1.2	1 = Mal
Promedio	**2.5**	**2.4**	**1.5**	0 = Muy mal

Las calificaciones mejoraron considerablemente en la segunda evaluación, y menos en la tercera. Pese a que registraron cambios importantes respecto a la primera etapa, las calificaciones de López Obrador siguieron siendo bajas en el área Internacional, en tanto que Calderón y Madrazo las mejoraron significativamente. En Estado de Derecho se produjeron considerables mejoras (las calificaciones aumentaron cinco, dos y tres veces respectivamente), aunque la calificación total de los tres candidatos apenas llegó a regular. Otra mejora significativa fue la de López Obrador en Economía, sobre todo por la decisión de tomar como bueno el plantemiento de *Diálogos por México* en vez del expuesto en la plataforma (por consistencia metodológica, este criterio se conservó en la tercera evaluación, a pesar de que algunos evaluadores propusieron revocarlo).

Los elementos a considerar en la segunda y la tercera etapas –la revisión de Diálogos por México, las presentaciones de representantes y los nuevos documentos– tuvieron un peso diferente en cada área. Los evaluadores del panel Social, por ejemplo, no ponderaron igual la presentación de los representantes que los evaluadores del panel de Política. Eso dependía de la calidad de las presentaciones y los materiales escritos. Puede decirse, no obstante, que las calificaciones mejoraron en relación con los nuevos planteamientos, independientemente de la manera en que se presentaron.

Si bien las notas de los candidatos mejoraron a lo largo del proceso y al final los evaluadores consideraron que dos propuestas son un poco mejor que regulares, en el CEEY opinamos que esto aún no es suficiente. Los ciudadanos mexicanos demandamos propuestas de calidad porque, por una parte, esperamos tener mejores herramientas para elegir al jefe de Estado y pedirle explicaciones en caso de cambios bruscos de rumbo; por otra, la ley ya obliga a los partidos –que postulan a los candidatos– a presentar plataformas. En la medida en que tales documentos son insatisfactorios, el interés de la ciudadanía se ignora y sus recursos se derrochan.

La diferencia principal entre el material de la primera etapa y el de las subsecuentes –principal razón de la mejora en las calificaciones– es que se cubrieron varios aspectos omitidos al inicio. La modestia de los incrementos generales se debe a que se conservan las deficiencias recurrentes de las propuestas: son demasiado declarativas (ofrecen como política el logro de un principio moral o político), son generales y preliminares (hablan de explorar soluciones, de sondear públicos, en vez de adoptar una postura y justificarla), no identifican recursos financieros y políticos para llevarse a cabo, y rara vez consideran elementos de implementación.

En la página electrónica del CEEY (www.ceey.org) están disponibles tanto la compilación de las propuestas como los comentarios y los resultados de la evaluación con todo detalle.

ÁREA ESTADO DE DERECHO

Área Estado de Derecho	FCH	RMP	AMLO
Diseño	NP	NP	NP
Viabilidad	NP	NP	NP
Implementación	NP	NP	NP
Total	2.0	2.0	1.7

I. Observaciones Generales

"Se descuidan las discusiones contemporáneas nacionales e internacionales".

EL TEMA DE SEGURIDAD PÚBLICA Y JUSTICIA PENAL fue evaluado bajo los tres criterios (diseño, viabilidad e implementación) por ser más completo y presentar una mejor factura. Los temas de Derechos Humanos y Sistema Judicial recibieron una calificación global por estar menos elaborados. El peso relativo de los temas en la calificación del área fue de 60, 20 y 20 por ciento respectivamente. Las calificaciones finales de Calderón y Madrazo son regulares y la de López Obrador un poco menor.

Los candidatos coinciden en proponer reformas al Ministerio Público destinadas a eliminar el monopolio de la acción penal y a fortalecer las funciones de inteligencia judicial. Asimismo, los tres candidatos plantean la unificación de la policía (los más específicos son Madrazo y Calderón, mientras que López Obrador sugiere comenzar por coordinar mejor la AFI y la PFP). Otros puntos en común son proponer una aplicación gradual de los juicios orales y la atención especial a las víctimas del delito.

Madrazo y López Obrador hablan de fortalecer el papel del ejército en el combate al narcotráfico, ante lo cual los evaluadores mostraron escepticismo o franco desagrado por los problemas de transparencia y rendición de cuentas que implica. La creación de una agencia especializada, planteada por Calderón, podría tener mejores y más claros resultados.

Fueron señalados algunos defectos recurrentes de las propuestas: se descuidan las discusiones contemporáneas (nacionales e internacionales), no se consideran cuidadosamente las restricciones jurídicas de eventuales cambios y no se contempla suficientemente el establecimiento de indicadores de evaluación de políticas. También se percibió un exceso de propuestas declarativas, muchas veces relacionadas con valores inobjetables pero sin justificación práctica ni objetivos claros.

Se notó descuido en el tratamiento de los aspectos de financiamiento y ejecución del gasto. En particular, los evaluadores resaltaron la carencia de incentivos presupuestales que el Ejecutivo puede emplear para conseguir que los actores del sistema judicial modifiquen sus conductas. Asimismo, las propuestas carecen de indicadores de evaluación de seguridad pública.

Los evaluadores señalaron que ninguno de los candidatos adopta una posición clara respecto al papel y posibilidades reales de la policía en el combate al delito. No se toma en cuenta la experiencia internacional al tratar la reforma policial. Específicamente, ninguno explica la transición de una policía reactiva –particularmente la judicial que sólo actúa ante denuncias– hacia una policía pro-activa.

La percepción sobre el tratamiento de los derechos humanos fue que se le considera un tema aparte, no transversal respecto a los órdenes y niveles de gobierno.

En cuanto al sistema judicial, se señaló que a los candidatos les hace falta un planteamiento específico sobre la relación entre los poderes Ejecutivo y Judicial. En este tema las propuestas parecen especialmente alejadas de los debates actuales y de las iniciativas en proceso; quizá por eso ninguna propuesta va a fondo en su tratamiento del sistema de impartición de justicia.

"No se consideran cuidadosamente las restricciones jurídicas de eventuales cambios".

II. Observaciones Particulares

1. Seguridad Pública y Justicia Penal

	FCH	RMP	AMLO	*Escala de 0 a 4:*
Diseño	3.1	3.0	2.0	4 = Muy bien
Viabilidad	2.8	2.8	3.1	3 = Bien
Implementación	1.4	1.6	1.4	2 = Regular
				1 = Mal
Total	2.5	2.5	2.2	0 = Muy mal

Aspectos Generales

Es un signo positivo que los candidatos identifiquen el tema de la policía nacional. Sin embargo, los tres manifiestan problemas conceptuales (más policía investigando no es necesariamente mejor policía). No existe discusión sobre las funciones de diversas policías. Se incluyen algunas ideas que están en la discusión pública pero sin mayor elaboración ni juicio crítico. Aplazar el rediseño institucional de la policía es, de facto, dar atribuciones y poder al ejército.

Sobre la inseguridad en general, los diagnósticos son pobres: no hay manera

"Y no se contempla suficientemente el establecimiento de indicadores de evaluación de políticas".

de determinar cuál es la situación nacional y local. A pesar de que los candidatos hablan de autonomía para la Procuraduría, no se cuestionan sus consecuencias en la lucha contra el crimen. Tampoco consideran el impacto de la desmonopolización de la acción penal en la lucha contra el crimen organizado.

Felipe Calderón Hinojosa

Los evaluadores consideraron buenas las siguientes propuestas:

- Es el único de los tres candidatos que no propone reforzar el papel del ejército en el combate a la delincuencia organizada. Esto fue bien visto por los evaluadores porque evita problemas de rendición de cuentas.
- Se consideró pertinente la idea de crear una policía nacional, si bien es confusa la relación que tendría con la policía metropolitana de la ciudad de México, que también propone. Otra complicación es modificar la Constitución para unificar los dos tipos de policía (de investigación como la AFI, y preventiva como la PFP).
- Revisar los criterios bajo los cuales se puede alcanzar la libertad bajo caución. Buscar penas alternativas (como trabajo comunitario) para delitos menores y plantear mecanismos alternativos de solución de conflictos.
- Establecer un código administrativo para ordenar las fuentes de derecho.
- Impulsar programas de libertad anticipada, bajo vigilancia ciudadana y de la autoridad, en el caso de internos cuya conducta y antecedentes acrediten que no representan riesgo para la sociedad.
- Crear un sistema de estadísticas sobre la incidencia delictiva bajo la responsabilidad de un órgano autónomo.
- Introducir la figura de "víctima" en la procuración de justicia y establecer mecanismos de participación ciudadana y rendición de cuentas.
- Aumentar la posibilidad de conseguir libertad condicional para algunos delitos. Mejorar la justicia para delitos menores mediante su conversión a faltas administrativas.

Las siguientes propuestas fueron consideradas insatisfactorias:

- La propuesta de aumentar las penas fue vista como preocupante porque no hay evidencia sólida de que ayude a disminuir el crimen y porque puede aumentar la reticencia de los jueces a aplicarlas.
- Establecer jueces especializados en crimen organizado crearía dos sistemas penales paralelos, con la consecuente confusión y desorganización.
- Fortalecer las policías comunitarias y vincularlas con cuerpos especializados. Crear una policía del Valle de México.
- Separar a la población carcelaria (ya que no hay modo de financiarlo).
- El Sistema Nacional de Servicio Civil de Carrera, porque ya existe y se desconocen sus resultados.

Roberto Madrazo Pintado

Debe resaltarse su énfasis en la prevención del delito, la reparación del daño a la víctima, y la reducción de los tiempos de respuesta policial. Se consideró que el suyo es el mejor tratamiento de los aspectos de presunción de inocencia, proceso acusatorio y selectividad en los juicios orales.

A lo largo del proceso de evaluación mejoró la articulación de sus planteamientos (diseño y sobre todo viabilidad), como los de jueces de instrucción, apoyo a las víctimas, unificación de las policías, mayor independencia del Ministerio Público y rompimiento del monopolio de la acción penal.

Unificar códigos penales es buena idea, pero difícil de implementar.

Es bueno que considere una reglamentación de la seguridad privada. Sin embargo, no especifica qué hacer al respecto.

Un punto favorable es que si bien no establece un diseño adecuado de la unidad de mando en los sistemas de seguridad pública, identifica correctamente el problema de conseguirla.

Es preocupante el endurecimiento de la policía que sugiere en sus propuestas, así como el aumento de las penas y el fortalecimiento del ejército en la lucha contra el narcotráfico.

Se consideró que la idea sobre la transferencia del Tribunal Federal Fiscal al Poder Judicial es imprecisa. Implica que el tribunal está bajo el Ejecutivo, y no es así. Falta una mejor justificación para que dicho tribunal deba quedar del todo bajo el Poder Judicial porque no es la única manera de mejorar su operación, ni es prioritario hacerlo.

La mayor debilidad de sus propuestas es no explicar cómo llevarlas a cabo. Sin una estrategia para anticipar las resistencias al cambio, las intenciones suelen estancarse.

Andrés Manuel López Obrador

Introduce con decisión temas importantes en la agenda, en especial alrededor del monopolio de la acción penal del Ministerio Público (su mejor propuesta).

Es afortunada su insistencia en (1) mejorar la supervisión de las agencias del Ministerio Público; (2) distinguir claramente las funciones de la Procuraduría General de la República y la Consejería Jurídica de la Presidencia para reducir la politización de la primera y evitar que se le vea como representante del Presidente en juicios constitucionales, y (3) su insistencia en mejorar la inteligencia judicial.

Otras propuestas que los panelistas destacaron fueron la coordinación de la PFP con la AFI como inicio de una policía nacional, revisar y eliminar requisitos de procedencia que enfrenta el Ministerio Público en delitos graves, y la especialización por áreas en los programas de capacitación y profesionalización del Ministerio Público.

> *"Se percibió un exceso de propuestas declarativas, muchas veces relacionadas con valores inobjetables pero sin justificación práctica ni objetivos claros".*

Lo mismo que los otros candidatos menciona la atención a las víctimas, la prisión preventiva y las vías alternativas de solución.

Propone la existencia y desarrollo de juicios abreviados y orales. Su visión de los juicios abreviados parece adecuada, pero los juicios orales por delitos imprudenciales culposos pueden ser tan costosos que resulten inviables.

Este candidato obtuvo su mejor calificación en el criterio de viabilidad, ya que plantea algunas propuestas administrativas sencillas (como tener reuniones diarias a las seis de la mañana o reforzar el diálogo con los presidentes municipales, que son de procedimiento más que de sustancia).Propone una serie de acciones aisladas muy concretas pero no responden al diseño de un programa más complejo.

Una gran debilidad es que no mencione cómo atacar la corrupción, siendo que su combate es la base de su discurso.

Los evaluadores rechazaron su propuesta de fortalecer al ejército en la lucha contra el narcotráfico.

Algunas propuestas no están suficientemente justificadas, como la de desaparecer la figura de Comisionado de la PFP para dejar a la SSP directamente al mando de dicha policía, porque sólo trasladaría a otro lugar los conflictos de interés y autoridad.

Parece marchar a contracorriente de las tendencias actuales cuando habla del control centralizado del Ministerio Público; por otro lado, no está claro si se centralizaría bajo el mando del Presidente o del Procurador.

2. Derechos Humanos

	FCH	RMP	AMLO	Escala de 0 a 4:
Diseño	NP	NP	NP	4 = Muy bien
Viabilidad	NP	NP	NP	3 = Bien
Implementación	NP	NP	NP	2 = Regular
				1 = Mal
Total	0.9	1.8	1.1	0 = Muy mal

Aspectos Generales

Las propuestas de los tres candidatos carecen de definición y diagnóstico adecuados, así como de una vinculación con la teoría democrática. Los derechos humanos parecen ser vistos como un problema aislado, no como un aspecto fundamental de toda acción de gobierno.

La mayor aportación en esta materia, por parte de los representantes de Calderón y Madrazo en las mesas de análisis, fue plantear la necesidad de reforzar el aspecto de evaluación.

Las tres propuestas tienden a enfatizar medidas policíacas en detrimento del tema de los derechos humanos. La razón de que no reciba la atención que merece y de que su tratamiento sea superficial, es tal vez que la extendida preocupación por la seguridad los hace menos atractivos políticamente.

Felipe Calderón Hinojosa
Le faltan propuestas concretas.

Incurre en errores de competencias entre instituciones.

Es inadecuado que proponga mantener el esquema de comisiones de derechos humanos sin examinar sus resultados ni proponer innovaciones.

Roberto Madrazo Pintado
Es oportuna su concepción de los derechos humanos de grupos vulnerables.

Los evaluadores señalaron que es el único que habla de la despenalización de los delitos de prensa, y que presenta buenas ideas para combatir la informalidad.

Otro punto a su favor es la idea de contar con un catálogo de derechos humanos que incluya el aspecto nacional y los tratados internacionales.

Asimismo, es adecuado que mencione derechos humanos de 2ª y 3ª generación.

Andrés Manuel López Obrador
Se consideró un buen punto su mención de derechos humanos de 2ª y 3ª generación.

Es inapropiado proponer lo que ya existe: la inclusión de los derechos humanos en los textos escolares.

3. Sistema Judicial

	FCH	RMP	AMLO	*Escala de 0 a 4:*
Diseño	NP	NP	NP	4 = Muy bien
Viabilidad	NP	NP	NP	3 = Bien
Implementación	NP	NP	NP	2 = Regular
				1 = Mal
Total	**1.4**	**0.8**	**1.0**	0 = Muy mal

Aspectos Generales
Los tres candidatos carecen de un planteamiento sobre la relación entre el Poder Ejecutivo y el Judicial.

No presentan diagnósticos adecuados del sistema de impartición de justicia.

Implícitamente parecen afirmar que no es un tema problemático.

Ignoran discusiones públicas recientes y las iniciativas que ya están en la Cámara de Diputados.

Calderón y López Obrador muestran preocupación por la honestidad de los jueces, pero no aportan evidencia que justifique sus planteamientos. La preparación de los jueces no les compete, contra lo que implican sus propuestas.

Los panelistas consideraron insuficientes los tres planteamientos sobre el tema del Amparo.

Felipe Calderón Hinojosa

Menciona facultades de supervisión del Consejo de la Judicatura (veladamente sugiere el problema de la corrupción de jueces). Supone intervenir el Consejo de la Judicatura, lo que no es facultad del Ejecutivo.

Roberto Madrazo Pintado

Se centra en el tema del Amparo. Se diferencia de los otros candidatos al identificar el problema del "Amparo para efectos" y tratar las consecuencias de las sentencias, en particular sobre la recaudación fiscal. Sin embargo, su propuesta del "Amparo colectivo" está poco fundamentada.

Es inadecuada su idea de la unidad de jurisdicción.

La oferta de transferir al Poder Judicial el Tribunal Laboral Fiscal implica que tal decisión le compete al Poder Ejecutivo y no es así; esta propuesta requiere una mejor justificación.

Andrés Manuel López Obrador

Se concentra excesivamente en el problema de la corrupción de los jueces.

Supone intervenir el Consejo de la Judicatura y no es posible.

ÁREA POLÍTICA

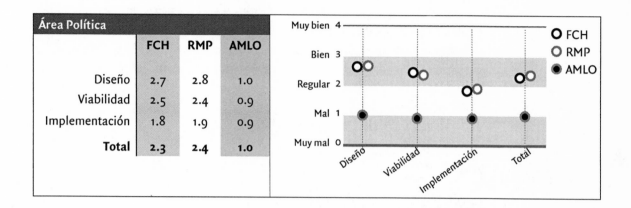

Área Política	FCH	RMP	AMLO
Diseño	2.7	2.8	1.0
Viabilidad	2.5	2.4	0.9
Implementación	1.8	1.9	0.9
Total	2.3	2.4	1.0

I. Observaciones Generales

LOS TRES CANDIDATOS COINCIDEN en varios planteamientos, lo que puede aumentar su viabilidad legislativa; entre ellos se cuenta enfatizar la austeridad de los funcionarios públicos, bajar el costo de los procesos electorales y establecer un calendario nacional de elecciones federales y estatales.

Tanto Calderón como Madrazo subrayan la necesidad de disminuir el tamaño del Congreso, mejorar la transparencia y la rendición de cuentas, y asegurar la profesionalización del servicio civil. Destacan particularmente las propuestas de reforma administrativa y reestructuración del gobierno para hacer su gestión más eficiente.

Algunos evaluadores opinaron que la propuesta de Calderón de elevar la Ley de Transparencia a nivel constitucional es una de las más importantes.

En el conjunto de propuestas más negativas, los panelistas señalaron la reforma al municipio, establecer el plebiscito y la revocación de mandato, y elevar a rango constitucional el estado de bienestar, todas éstas de López Obrador.

Si bien se redujo a lo largo del proceso de evaluación, fue notoria la falta de grandes temas para articular las propuestas, que más bien parecían secuencias de pequeños problemas o rubros.

Ante los problemas de la política actual, Calderón se centra en la reelección inmediata de legisladores, Madrazo en mejorar ligeramente las instituciones y López Obrador en realizar modificaciones de fondo con el apoyo de la ciudadanía mediante formas de democracia directa.

En los tres planteamientos se percibe confusión sobre los conceptos de transparencia, rendición de cuentas y representación, lo que explica que traten de resolver combinaciones de ellos con las mismas herramientas.

"Ante los problemas de la política actual, Calderón se centra en la reelección inmediata de legisladores..."

Las propuestas no identifican recursos financieros y políticos para llevarlas a cabo. Si viabilidad se define técnica y políticamente, la propuesta menos viable es la de López Obrador, quizá por basarse en una idea imprecisa de poder ciudadano y requerir modificaciones a la Constitución.

Los evaluadores percibieron un desinterés de la clase política en exponer planes cuidadosos. En esta área Calderón y Madrazo recibieron notas globales ligeramente por arriba de regular, en tanto que López Obrador recibió una mala calificación. En general, las notas de los candidatos en los cinco temas son parecidas a las globales del área.

II. Observaciones Particulares

1. Ejecutivo

	FCH	RMP	AMLO	Escala de 0 a 4:
Diseño	2.9	2.4	0.7	4 = Muy bien
Viabilidad	2.5	2.5	0.8	3 = Bien
Implementación	1.7	1.5	0.7	2 = Regular 1 = Mal
Total	2.4	2.2	0.8	0 = Muy mal

Aspectos Generales

En contraste con los problemas que identifican en el Legislativo, los candidatos se muestran reservados respecto a sus planes sobre el Poder Ejecutivo. Hay pocos planteamientos sobre el funcionamiento de la maquinaria gubernamental.

Los tres comparten en alguna medida el deseo de reforzar la descentralización; en particular, quieren fortalecer a los municipios. No obstante, los evaluadores señalaron la omisión de consideraciones cuidadosas respecto al control de las funciones y recursos a descentralizar.

Felipe Calderón Hinojosa

Presenta un diagnóstico claro del problema de gobierno, y sus propuestas para mejorar la gobernabilidad son las mejores de las tomadas en cuenta.

Sobresalen sus consideraciones sobre el daño patrimonial que infringe el gobierno federal (ya que actualmente se tiene una casi total indefensión de los ciudadanos) y sobre las herramientas que necesita la Secretaría de Gobernación para asegurar la gobernabilidad. Entre sus planteamientos finales destacan el de un gobierno de coalición y el de la profesionalización de los empleados públicos. Por el otro lado, se criticó que limite sus observaciones sobre la administración del gobierno central a la Secretaría de Gobernación. Sus propuestas complementarias giraron en torno a la necesidad de construir mayorías para dar gobernabilidad al sistema político mexicano. Esta visión se contrapone a la de reconocer la pluralidad del sistema de partidos y darle herramientas al ejecutivo para negociar (que enfatizan Madrazo y López Obrador).

Se observó que la insistencia en construir un gobierno de mayorías implica la consolidación de dos grandes partidos, lo que deja a un lado la tarea inmediata de establecer negociaciones entre tres fuerzas.

Se mencionó que la de Calderón es la propuesta más integral de las tres, muy consecuente con la plataforma del partido –abarca el conjunto del funcionamiento del sistema político e identifica los elementos que deben modificarse para producir un "gobierno efectivo".

La propuesta de establecer una cédula ciudadana de identificación fue bien recibida por los miembros del comité de evaluación, si bien advirtieron tanto su posible contradicción con los valores liberales del PAN, como una duplicidad parcial con la credencial del IFE, que en los hechos es un medio aceptado de identificación.

Se consideró débil su planteamiento de la "ciudadanía activa" por impreciso.

Roberto Madrazo Pintado

Se destacó positivamente su énfasis en la idea de un gobierno de resultados. Detalla criterios básicos para mejorar la gobernabilidad.

A diferencia de Calderón, de acuerdo con Madrazo la parálisis gubernamental es resultado del estilo deficiente de conducción política –que presuntamente caracteriza al gobierno de Vicente Fox–, no un problema de diseño institucional.

En general, este candidato propone conservar el sistema político imperante añadiéndole algunos pequeños cambios.

Es oportuna la idea de reorganizar la Consejería Jurídica de la Presidencia para mejorar la factura de las iniciativas. Las debilidades de este ofrecimiento son no mencionar el significado del término "fortalecer" al aplicarlo a la consejería y no incluir criterios de implementación.

También es adecuada su idea de mejorar el servicio civil de carrera y el servicio exterior.

Debido a las diferencias actuales de opinión entre las fuerzas políticas, sus propuestas sobre una nueva distribución del poder público y una nueva Constitución son meramente declarativas.

Andrés Manuel López Obrador

En general sus propuestas tienen un diseño deficiente y son poco viables. Aunque identifica problemas reales, no justifica sus soluciones adecuadamente. Se observó que utiliza términos inadecuados, como la creación de "un poder judicial cercano a la sociedad".

"... Madrazo en mejorar ligeramente las instituciones y López Obrador en realizar modificaciones de fondo con el apoyo de la ciudadanía mediante formas de democracia directa".

El programa de austeridad es una idea conveniente. Propone metas específicas para reducir el gasto "burocrático", pero las cifras de ahorro que plantea se antojan demasiado optimistas.

Lo central de sus propuestas es ahorrar: controlar el gasto en salarios de altos funcionarios y reducir la estructura gubernamental. No obstante, pasa por alto que disminuir considerablemente el sueldo de los funcionarios puede fomentar la corrupción, así como provocar problemas de equidad por los sueldos diferenciados con otros poderes.

No se refiere a problemas sustantivos de la literatura especializada de los últimos años (sus énfasis están en cambiar la residencia del Presidente, la consulta de revocación de mandato, el salario del Presidente, que fueron considerados problemas superficiales).

Resalta adecuadamente el problema de la desigualdad y el de hacer exigibles los derechos sociales y económicos; no obstante, omite explicaciones cuidadosas de cómo enfrentarlos. Su plan de eliminar plazas y dependencias no incluye prioridades de recorte. Es difícil concebir una mayor intervención del Estado con una estructura más reducida y menores salarios.

La propuesta de contralorías ciudadanas no está bien fundamentada: debió tratarse explícitamente el peligro de que se conviertan en grupos de presión a favor de la autoridad.

2. Legislativo

	FCH	RMP	AMLO	Escala de 0 a 4:
Diseño	2.2	2.7	1.0	4 = Muy bien
Viabilidad	2.5	2.6	1.0	3 = Bien
Implementación	1.6	2.0	1.0	2 = Regular
				1 = Mal
Total	2.1	2.4	1.0	0 = Muy mal

Aspectos Generales

Los tres candidatos proponen la reducción del número de legisladores, pero no tratan el problema de representación implícito: fomentar un Congreso eficiente para controlar y ayudar al gobierno a hacer su tarea o buscar un Congreso que reproduzca a la sociedad.

Los evaluadores subrayaron que las propuestas de los candidatos omitieron aspectos de transparencia y rendición de cuentas en el Legislativo.

Felipe Calderón Hinojosa
La mayoría de los panelistas consideró oportuna su oferta de buscar establecer

un mecanismo de gabinete compartido con el fin de producir coaliciones. Algunos, en cambio, dudaron de la efectividad de dicha estrategia, que no incluye procedimientos.

En general, su propuesta de la reelección inmediata de legisladores fue muy bien recibida porque tal medida fomentaría la rendición de cuentas; algunos evaluadores, sin embargo, opinaron que se trata de un mecanismo que no resuelve los problemas de fondo ni considera adecuadamente el marco institucional existente.

Propone reducir el número de diputados con el fin de mejorar la rendición de cuentas; pero al menos en lo que hace al proceso presupuestario, el factor determinante para un mejor funcionamiento no es el número de participantes sino los problemas de organización de la Cámara de Diputados (que incluyen elementos de representatividad y de rendición de cuentas propiamente). Habría primero que redefinir quiénes deciden (sólo los miembros de las comisiones o no). Se percibe un uso inadecuado del término rendición de cuentas.

Hubo acuerdo con su propuesta de delimitar la facultad de veto, ya que actualmente se promueve la competencia estratégica entre poderes. Hay que establecer cuántas veces puede ir y venir una iniciativa. Calderón identifica el problema pero no dice cómo enfrentarlo.

Propone limitar la figura del fuero, pero no especifica cómo hacerlo. De modo similar, identifica correctamente la necesidad de regular el cabildeo sin mencionar aspectos a tratar.

Propone, sin justificar, que el Presidente debata con legisladores en el informe. Parece una idea puramente simbólica.

Roberto Madrazo Pintado

Destacaron sus propuestas de crear un código de responsabilidades, reducir el tamaño de las cámaras, y establecer un régimen de responsabilidades fiscales. Igual que Calderón, reconoce la importancia de establecer un gabinete compartido, pero justifica mejor su posición.

Su propuesta para la reelección de legisladores también es más realista y detallada que la de Calderón. Los evaluadores aplaudieron que establezca una reelección selectiva (sólo para los legisladores uninominales) para facilitar la rendición de cuentas. Sin embargo, se hizo notar que este tipo de mecanismo no se ha dado en otras democracias.

Ante los gobiernos divididos, propone establecer una mayoría artificial, pero no trata los aspectos de división de poderes y contrapesos. Si bien tiene inconvenientes, algunos evaluadores consideraron que esta propuesta es más viable que la de formar coaliciones.

Se destacó que registre el problema de profesionalización del Congreso, pero los evaluadores lamentaron que eluda el tema del control político de los legisladores.

Es poco viable su propuesta de reforma constitucional para formar un sistema semi-presidencialista.

Mejorar –como propone– el proceso de discusión del presupuesto, es una necesidad; pero esto tiene que ver con una discusión del veto que no plantea.

En general, sus propuestas sobre el Poder Legislativo están mejor fundamentadas que las de los otros dos candidatos. Se reconoció la mejora en su diseño.

Andrés Manuel López Obrador

Su propuesta de dar facultades al Congreso para promulgar leyes si el Presidente no las publica una vez acabado el proceso legislativo es conveniente para algunos evaluadores; en contraste, otros piensan que es una mala solución al problema del veto por contradecir el espíritu de la Constitución.

No explica a qué se refiere con aumentar las facultades de las comisiones en investigación y dictamen.

Las propuestas de López Obrador y del PRD (plataforma) parecen contradictorias por ser una de índole plebiscitaria y la otra casi-parlamentaria.

Propone una nueva Ley de Presupuesto para hacer eficiente y riguroso el sistema de revisión de cuentas; los evaluadores consideran que sería mejor dar autonomía a la Auditoría Superior de la Federación.

3. Sistemas Político y Electoral

	FCH	RMP	AMLO	Escala de 0 a 4:
Diseño	2.9	2.6	1.6	4 = Muy bien
Viabilidad	2.5	2.7	0.9	3 = Bien
Implementación	2.0	2.1	0.9	2 = Regular / 1 = Mal
Total	2.5	2.5	1.2	0 = Muy mal

Aspectos Generales

Calderón y Madrazo, a diferencia de López Obrador, insisten en hacer más efectiva la colaboración del Presidente con el Congreso para producir un mejor gobierno.

Los tres candidatos proponen abrir un espacio de participación ciudadana en la política pública (López Obrador lo detallaría menos).

La reducción del tamaño del Congreso, planteada por Calderón y Madrazo, tendría consecuencias en el sistema político al aumentar la sobre-representación. El nuevo sistema tendría características tanto negativas como positivas, pero los panelistas consideraron que una mejor gobernabilidad compensaría suficientemente el costo en representación.

Los evaluadores resaltaron que ninguno de los candidatos evaluados menciona reformas al Código Federal de Instituciones y Procedimientos Electorales (COFIPE).

Felipe Calderón Hinojosa

Presenta planteamientos valiosos sobre reducir el financiamiento a los partidos políticos y regular la remuneración de servidores públicos a través de la creación de un tabulador nacional.

La propuesta de regular mejor y otorgar un papel mucho más participativo a la sociedad civil con la Ley de Fomento a la Participación de la Sociedad Civil es la mejor forma de abrir espacios a la ciudadanía que presentan los candidatos en consideración.

Es adecuada su idea de un calendario nacional de elecciones.

Para algunos evaluadores, Calderón retoma bastante de la agenda de reforma electoral del presidente Fox, que es adecuada en términos generales. Para otros, hace propuestas muy generales que repiten iniciativas de reforma de gastos de campaña, donativos y financiamiento a partidos.

Los evaluadores recibieron con escepticismo la propuesta del referéndum.

Roberto Madrazo Pintado

Se consideró muy positivo que oriente sus propuestas a mejorar los vínculos Ejecutivo-Congreso, como lo hace Calderón.

Sería un retroceso impedir, como insinúa, que la autoridad electoral amplíe sus facultades para supervisar la vida interna de los partidos.

Es interesante su propuesta de una nueva constitución, pero del todo inviable. Le falta enfatizar en la necesidad de adecuar el marco normativo.

Andrés Manuel López Obrador

A lo largo del proceso de evaluación sus notas bajaron considerablemente por presentar contradicciones en su material.

A pesar de las bondades de la democracia directa, se criticó su decisión de fundamentar la propuesta en la revocación de mandato y el plebiscito. Se señaló que la dificultad de conseguir la aprobación del mandato revocatorio en el Congreso es similar a la de la reelección de legisladores.

Se percibieron peligros en la propuesta de reforma al municipio, ya que se le convertiría en depositario de la soberanía, con lo que podría disponer de recursos nacionales.

Es buena su idea de establecer un sistema más proporcional de representación en el Congreso, así como la de armonizar los calendarios electorales federales y estatales.

Es adecuado regular las precampañas y el gasto de los candidatos, estrechar los tiempos del proceso electoral, y reducir las prerrogativas de los partidos.

Respecto al último aspecto, algunos evaluadores piensan que reducir más el financiamiento privado a los partidos es inadecuado porque actualmente ya es limitado.

También es conveniente la idea de legislar para impedir que los consejeros electorales puedan ocupar, en los dos años posteriores a su encargo, tanto cargos públicos como puestos de elección popular.

Presenta numerosas propuestas declarativas, como su idea de establecer un "Estado Social, Democrático de Derecho" o la de incorporar a la reforma del Estado los conceptos de equidad y justicia social.

No se compromete con método alguno para obtener gobernabilidad (presidencial, semi-presidencial, de gabinete).

Es peligroso introducir en el ámbito federal figuras de democracia participativa, pues conduce a desatender al Congreso, y puede dar lugar a abusos de poder en un país como México.

En tanto que algunos evaluadores piensan que desaparecer los institutos electorales estatales es muy peligroso, otros consideran que es necesario para dar mayor certeza a los procesos locales.

Algunos miembros del comité consideran engañoso restringir la posibilidad que tienen los partidos de contratar directamente sus tiempos en medios masivos de comunicación porque les quita flexibilidad, y posiblemente interés, a las campañas (además las hace menos competitivas al limitar las oportunidades de usar estrategia).

Algunos evaluadores apoyaron su oferta de sancionar durante el proceso electoral a los partidos y candidatos que rebasen topes de campaña; otros opinan que eso implica dar una facultad al IFE que puede debilitarlo mucho (como en el Estado de México, donde se le tachó de partidizado).

4. Transparencia y Rendición de Cuentas

	FCH	RMP	AMLO	Escala de 0 a 4:
Diseño	3.1	3.2	0.8	4 = Muy bien
Viabilidad	2.7	2.3	1.0	3 = Bien
Implementación	2.0	2.2	1.0	2 = Regular 1 = Mal
Total	2.6	2.6	0.9	0 = Muy mal

Aspectos Generales

Las tres propuestas abordan el tema de manera insatisfactoria. En particular, no destacan la importancia de establecer bases sólidas de transparencia sobre las cuales fundar los mecanismos de rendición de cuentas.

Felipe Calderón Hinojosa

Sobresale la propuesta de elevar la Ley de Transparencia a nivel constitucional. Esta medida establecería una definición federal de transparencia que facilitaría la aplicación de la ley. Se trata de una idea viable y realista.

Otro planteamiento factible y pertinente es la creación de foros de transparencia.

Subraya el problema de llevar a los estados y municipios los avances en materia de transparencia que se han conseguido en el ámbito federal, para lo que sugiere algunos mecanismos.

Es necesario aplicar su propuesta de hacer públicos los ingresos de los servidores públicos en todos los órdenes de gobierno.

Un inconveniente de su planteamiento es la omisión del tema de la transparencia en los partidos políticos.

Roberto Madrazo Pintado

Los evaluadores señalaron como su propuesta más positiva la de eliminar las facultades que corresponden a la Secretaría de la Función Pública y que actualmente desempeña la Contraloría, para dárselas al auditor superior de la Federación; el propósito de tal decisión es aumentar la credibilidad de las políticas sobre transparencia. Sin embargo, se señaló que es poco viable llevarla a la práctica.

Es muy atinada su oferta de establecer indicadores de la gestión gubernamental. Es el único candidato que propone dejar de evaluar procesos para evaluar resultados.

Se consideró adecuada la idea de fijar bases nacionales de transparencia y rendición de cuentas, pero su planteamiento es vago.

Propone acertadamente un servicio civil de fiscalizadores en los estados.

Presenta un buen diagnóstico del problema de la corrupción, pero no considera el problema de la inobservancia de la normatividad respectiva a través de las propias instituciones que la aplican.

Da por sentados consensos difíciles de lograr en cuanto a la revisión y actualización de la administración pública nacional.

Andrés Manuel López Obrador

Presenta una valoración insuficiente del tema. No menciona elementos importantes de la regulación actual –como la Ley de Responsabilidades de los Servidores Públicos–, ni el papel de la Secretaría de la Función Pública, ni el papel del Poder Judicial; tampoco toma en cuenta las diferentes competencias de niveles de gobierno.

No justifica su propuesta de revisar la Ley de Transparencia y Acceso a la Información Pública para redefinir los criterios de información reservada y confidencial.

La propuesta de las contralorías ciudadanas es peligrosa porque es fácil convertirlas en grupos de presión al servicio de la autoridad. La ciudadanía debe influir como opinión pública, no necesariamente de modo directo. En todo caso, la propuesta requiere de una justificación más detallada.

Algunos evaluadores opinaron que López Obrador parece reducir la rendición de cuentas a proporcionar información; es desafortunado que no indique consecuencias para los empleados públicos cuando la información revele irregularidades o mal desempeño.

Su propuesta de revisar la legislación penal a fin de erradicar la convivencia entre "política y negocios" se antoja puramente simbólica porque reduce el problema a uno de formulación de leyes, olvidando su monitoreo.

5. Federalismo

	FCH	RMP	AMLO	Escala de 0 a 4:
Diseño	2.2	3.0	0.8	4 = Muy bien
Viabilidad	2.3	2.0	1.0	3 = Bien
Implementación	1.6	1.8	1.0	2 = Regular 1 = Mal
Total	2.1	2.3	0.9	0 = Muy mal

Aspectos Generales

Ninguno de los candidatos identifica el problema de las restricciones que tienen los municipios para acceder a fondos federales debido a criterios políticos y partidistas de los gobiernos estatales.

Felipe Calderón Hinojosa

No resuelve la tensión evidente entre su propuesta de elevar la Ley de Transparencia a nivel constitucional y el compromiso de respetar a los gobernadores.

Las figuras asociativas de carácter metropolitano son una buena idea, pero ya existen. Adecuar las fórmulas de distribución de recursos para ayudar a las entidades a combatir la pobreza es un ofrecimiento que no identifica bien el problema. En la actualidad, la dificultad no es tanto la insuficiencia de recursos como la falta de instrumentos para conocer su destino; esto disminuye los incentivos de los estados y municipios para gastar de acuerdo a lo programado.

En general tiende a fortalecer al municipio, lo que algunos evaluadores consideran correcto si se incluyen mecanismos para medir desempeño. Otros evaluadores piensan que sus propuestas de descentralización no van al meollo del problema.

Propone otorgar más facultades impositivas a estados y municipios, pero no identifica el problema previo de actualizar las tablas de valor catastral.

Es muy difícil convencer a la opinión pública de que se reelijan los alcaldes.

Roberto Madrazo Pintado

Entre sus puntos favorables está plantear una mejor distribución de competencias entre órdenes de gobierno, así como fortalecer su gestión.

Algunos evaluadores consideran que, en conjunto, sus propuestas son ambiciosas y están bien articuladas. Otros, en cambio, piensan que son demasiado vagas y que en el fondo se trata de la reedición de la perspectiva aplicada durante la administración de Miguel de la Madrid, cuyos frutos fueron nulos o adversos.

No aborda aspectos esenciales, como la causa de la baja recaudación en los estados y municipios y la manera de fomentar que decidan sobre sus políticas.

Andrés Manuel López Obrador

Su mejor punto es identificar la desigualdad regional como un reto prioritario. La mayoría de los evaluadores encontró la propuesta bastante desarticulada, sin una visión de conjunto.

Se percibió la idea implícita de institucionalizar a la CONAGO para establecer nuevas relaciones entre el Ejecutivo Federal y los estados.

Varias de sus medidas implican reformas a la Constitución, por lo que se antojan poco viables.

Propone al municipio como el depositario de la soberanía, pero no explica el propósito ni las consecuencias de incluir tal idea en la Constitución; a este respecto es notable su omisión de consideraciones sobre las posibles disputas entre los órdenes de gobierno por recursos naturales.

ÁREA INTERNACIONAL

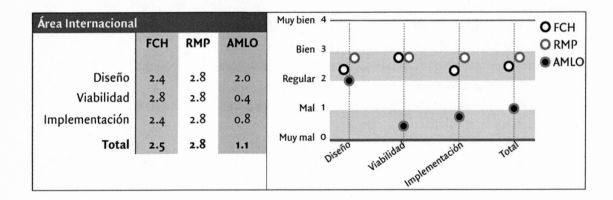

Área Internacional	FCH	RMP	AMLO
Diseño	2.4	2.8	2.0
Viabilidad	2.8	2.8	0.4
Implementación	2.4	2.8	0.8
Total	**2.5**	**2.8**	**1.1**

I. Observaciones Generales

"Si bien se avanzó en la parte de diseño y hubo un esfuerzo por mejorar las propuestas, aún es insuficiente la atención y desarrollo de planteamientos concretos en el área Internacional".

DEBIDO A LA INSUFICIENCIA DE LAS PROPUESTAS, los evaluadores sólo calificaron los temas de Política Exterior y TLCAN por cada uno de los criterios (diseño, viabilidad e implementación); los temas restantes (Relaciones con Estados Unidos, Migración, Latinoamérica, Europa y Cuenca Asia-Pacífico) recibieron una calificación única.

Si bien se avanzó en la parte de diseño y hubo un esfuerzo por mejorar las propuestas, aún es insuficiente la atención y desarrollo de planteamientos concretos en el área Internacional. La política exterior mantuvo un papel secundario en las campañas. Esto muestra falta de visión, ya que sus consecuencias para la vida cotidiana de los mexicanos nunca han sido tan importantes. En todos los temas del área se requiere un mejor análisis del estado del mundo. Se percibe poco realismo y una actitud voluntarista en los candidatos.

Existe gran disparidad en el tratamiento de los distintos temas. La mayor preocupación es la relación con EUA, y dentro de ésta la migración, que se presenta sin una visión integral. Existe el riesgo de concentrar la atención exclusivamente en este tema. Los tres candidatos plantean un acuerdo migratorio sin reconocer que EUA lo considera un asunto interno. Las propuestas debieron prometer el reforzamiento del cabildeo, en vez de ofrecer de entrada un tratado. En cuanto a tratados se refiere, los candidatos dan por sentado que el tema de migración es igual al de comercio: "como ya establecimos el TLCAN, ahora vamos a establecer un tratado de migración porque los intereses son también comunes y pueden conciliarse con relativa facilidad". Los evaluadores consideraron este enfoque inadecuado. Básicamente, se reconocen dos aproximaciones a los temas: la de los principistas que basan su posición en el PRI de mediados del siglo pasado (Madrazo y López Obrador, aunque con diferencias entre sí), y la pragmática de Calderón, que postula la inserción de México en el entorno internacional.

Los panelistas consideraron que los planteamientos de Calderón y Madrazo son apenas suficientes para enfrentar con ellos los retos de México en el entorno internacional (el segundo tuvo una calificación global cercana a buena); la de López Obrador fue considerada inadecuada en su conjunto. Las principales deficiencias son la vaguedad de los planteamientos y el exceso de frases exclusivamente simbólicas.

En los tres candidatos se percibe el defecto de considerar que la política exterior se reduce a relaciones unidireccionales: de México hacia el mundo, pero no del mundo hacia México. Se señalo que de forma recurrente las propuestas carecen de una definición clara de los intereses del Estado mexicano –distinta de los intereses de grupos que deben protegerse; suponen que proteger a grupos específicos es siempre proteger al Estado. Se reconoció como tema no resuelto el de la relación de la política exterior con el bienestar de los ciudadanos.

Los panelistas coincidieron en que los candidatos deberían adoptar posiciones mucho más claras por los acontecimientos recientes en Estados Unidos (debates en el tema de migración) y América Latina (salida de Venezuela del CAN y del G3 y las tensiones en MERCOSUR). Se percibe una atención insuficiente y falta especificidad a las políticas dirigidas a América Latina, Europa y Asia Pacífico.

"La política exterior mantuvo un papel secundario en las campañas. Esto muestra falta de visión, ya que sus consecuencias para la vida cotidiana de los mexicanos nunca han sido tan importantes".

II. Observaciones Particulares

1. Política Exterior

	FCH	RMP	AMLO	Escala de 0 a 4:
Diseño	2.4	2.8	2.0	4 = Muy bien
Viabilidad	2.8	2.8	0.4	3 = Bien
Implementación	2.4	2.8	0.8	2 = Regular
				1 = Mal
Total	2.5	2.8	1.1	0 = Muy mal

Felipe Calderón Hinojosa

En un principio se consideró que su diagnóstico de los problemas era insuficiente y confuso. La mejora en la nota de diseño se debe a que establece objetivos más específicos, avanza en el diagnóstico y plantea más coherentemente los puntos que plantea. Sus notas de viabilidad e implementación mejoraron

"En todos los temas del área Internacional se requiere un mejor análisis del estado del mundo".

porque incluyó propuestas específicas que se ajustan más a la realidad exterior de México, sobre todo en las relaciones con Estados Unidos (sin embargo, sus planteamientos en relación con América Latina y Europa requieren detallarse).

Su empleo del concepto de desarrollo humano fue motivo de discrepancia en el panel de la primera etapa. Mientras algunos evaluadores consideran que con este concepto Calderón trata de vincular inadecuadamente la política exterior con el bienestar personal, otros piensan que la idea se inserta en una nueva veta de pensamiento en política exterior (Canadá basa parcialmente su política exterior en la noción del desarrollo humano) y que además, el desarrollo humano sustentable está vinculado con los principios del PAN.

Hubo acuerdo en que su propuesta sobre la competitividad de la economía requiere una mejor justificación. Algunos evaluadores piensan que la política exterior no debe plantearse –como según ellos hace Calderón– sólo en términos de política comercial, en tanto que otros consideran difícil exagerar la importancia de los intercambios comerciales.

La propuesta de insistir en entrar de nuevo al Consejo de Seguridad de la ONU, como la presenta, es injustificada sobre todo porque no evalúa cuidadosamente nuestra experiencia previa y no reconoce los problemas que tuvimos.

Habla en términos demasiado generales –como al proponer reformas a la OEA sin especificarlas, o cuando habla de la posición privilegiada de México. Asimismo, la idea de profesionalizar el servicio exterior debe detallarse más.

Las referencias a la participación de México en foros internacionales son muy pocas.

Calderón enfatiza la importancia de nuevos tratados comerciales para trascender el TLCAN, pero debido al gran número de tratados vigentes, su postura necesita justificaciones más sólidas.

Roberto Madrazo Pintado

En la primera etapa los evaluadores apuntaron que la propuesta incluía muchos objetivos vagos y se enfocaba demasiado en descalificar a la actual administración (pronunciamientos que no representaban propuestas). Presentaba un discurso tradicional basado en símbolos patrios, de propuestas atractivas para cualquiera que se asumiera "buen mexicano". Sin embargo, el material de las etapas posteriores produjo un salto cualitativo. Su propuesta es la que posee un mayor grado de especificidad, mejor identificación de problemas y una perspectiva más integral. Puesto que muchos de sus planteamientos también se pueden llevar a cabo, se decidió mejorar la evaluación de los tres criterios.

En cuanto a viabilidad e implementación, hay coherencia entre objetivos, recursos e instrumentos para las políticas. Un ejemplo de ello es la insistencia en aumentar el número de embajadas y equiparlas mejor.

Es conveniente su planteamiento preliminar del mundo globalizado y la mención de nuevas formas de asociación (aunque no las especifique) que permitan aumentar la competitividad. Enfatiza el tema de la seguridad y los problemas internos dejando de lado los aspectos económicos.

Se diferencia de los otros candidatos en su intento de vincular temas y rubros. Específicamente, relaciona la política de seguridad y las fuerzas armadas.

Considera como vecino a Cuba. Los panelistas concurrieron en que esto puede servir para mejorar la relación y evitar conflictos por el tono ríspido de los mensajes diplomáticos entre ambas naciones.

El tema de la soberanía como principio de la política exterior generó argumentos a favor y en contra. Varios evaluadores consideraron que plantear ideas sobre soberanía como fundamento de la política exterior no se corresponde con el momento actual y no facilita su necesaria reformulación; otros, en cambio, consideraron positiva la inclusión de este elemento del ideario del PRI porque el principio de soberanía tiene vigencia permanente (aunque no tenga una definición única) y ayuda a poner en contexto las cosas.

Establece de manera implícita la diferencia entre una política exterior de principios y una de intereses, pero se contradice: en general insiste en la primera, pero afirma también la necesidad de adaptarse a la cambiante realidad internacional (política de intereses).

Andrés Manuel López Obrador

Desde el inicio se señaló que su posición es consistente desde el punto de vista ideológico (similar a la de Madrazo y muy distinta a la de Calderón), pero no hay un diagnóstico que justifique su utilidad para el país. Algunos panelistas consideran que ciertas propuestas tendrían consecuencias negativas de aplicarse.

Su calificación mejoró por avances en el diagnóstico y porque existe una visión clara de los objetivos que se propone alcanzar. Sin embargo, se subrayó que sus propuestas son poco viables y difíciles de implementar.

El planteamiento general es contradictorio: por un lado habla de una política exterior mesurada, y por el otro de hacer muchas reformas e ir contra la globalización.

Pese a su énfasis latinoamericanista incurre en una confusión de términos al usar indistintamente Mesoamérica y Latinoamérica. Algunos evaluadores cuestionaron su idea de unidad latinoamericana, que no reconoce las grandes diferencias entre los países de la región. Asimismo, se puso en duda su criterio de estrechar lazos primeramente con zonas homogéneas (Europa no lo es y está unida).

Tiene algunos apuntes propositivos, en especial sobre la ONU. No obstante, varias de sus ideas se basan en supuestas facultades que ésta no tiene. La propuesta de que se termine el derecho de veto en el Consejo de Seguridad es irrealizable y de consecuencias inciertas. Toda la propuesta va en contra de la globalización. La idea de replantear las relaciones económicas es muy ambiciosa y por lo tanto exige un tratamiento cuidadoso del que carece.

"Se percibe poco realismo y una actitud voluntarista en los candidatos".

Contiene aspectos puramente simbólicos y construidos deficientemente. Hablar de indiscriminación comercial se aparta totalmente de la realidad, ya que siempre ha habido discriminación por países y sectores.

Su evaluación de la política exterior reciente es incorrecta, o al menos, incompleta. Los evaluadores identificaron varios conceptos difusos como "políticas internas compensatorias", "enganchamiento de nuestra economía" y "nuestros intereses legítimos en el extranjero"; y otros inquietantes como "que se modere la apertura discriminada" (la apertura no tiene matices) y "la nación extraterritorial".

Se percibe un reducido interés del candidato en esta área. Asegurar que se basará en principios, sin especificarlo, no constituye una política exterior; hablar de que la mejor política exterior es la interior puede carecer de sustancia.

2. Relaciones con Estados Unidos

	FCH	RMP	AMLO	Escala de 0 a 4:
Diseño	NP	NP	NP	4 = Muy bien
Viabilidad	NP	NP	NP	3 = Bien
Implementación	NP	NP	NP	2 = Regular 1 = Mal
Total	3.0	2.0	1.0	0 = Muy mal

Felipe Calderón Hinojosa

Se reconocieron avances en la articulación de sus propuestas, especialmente en el diagnóstico general de la relación. También se destacó una mayor especificidad, como los diez puntos sobre la relación con Estados Unidos.

Una aportación relevante es concebir a los consulados como "mini embajadas". Es decir, más allá de atender a los mexicanos, que sean instancias de relaciones públicas de la Nación.

El reconocimiento de la prioridad de los vínculos con Estados Unidos es importante, aunque muy elemental. El tratamiento tiende a ser demasiado escueto y muestra desconocimiento del tema.

Su mención de la Alianza para la Seguridad y Prosperidad de América del Norte está poco justificada.

Roberto Madrazo Pintado

En la primera etapa, descuidaba el aspecto económico de la relación con EU y en ocasiones los objetivos no tenían vinculación adecuada con las propuestas. Sin embargo, el nuevo material contiene innovaciones que significaron una mejora en su evaluación.

Uno de los puntos relevantes consiste en reforzar la infraestructura fronteriza con el país vecino.

La idea de enfocar los consulados a cuestiones migratorias generó opiniones divididas entre los panelistas. Por una parte, atiende un problema relevante, pero por otra, puede producir el descuido de funciones importantes de promoción.

Andrés Manuel López Obrador

Hubo una mejora en la evaluación porque plantea objetivos claros, aunque siguen existiendo dudas sobre su viabilidad e implementación. Por ejemplo, si se plantea como objetivo la búsqueda de un acuerdo migratorio con los Estados Unidos, resulta incongruente rechazar el cabildeo de profesionales.

Deja sin aclarar lo que significa profundizar los asuntos judiciales.

3. TLCAN

	FCH	RMP	AMLO	Escala de 0 a 4:
Diseño	2.8	3.0	1.3	4 = Muy bien
Viabilidad	2.4	3.0	1.0	3 = Bien
Implementación	2.1	3.0	1.2	2 = Regular 1 = Mal
Total	2.5	3.0	1.2	0 = Muy mal

Felipe Calderón Hinojosa

Si bien le falta especificidad, su diseño muestra claridad en el objetivo de fortalecer y profundizar el TLCAN.

Señala acertadamente la importancia de los aspectos de infraestructura.

Genera expectativas irreales al emplear la palabra "profundización" del acuerdo.

Su postura sobre la apertura al comercio internacional del maíz y frijol en 2008 es clara al señalar el apoyo a los campesinos pero respetando el TLCAN. Su propuesta del acuerdo "Por Nuestra Tierra" es promisoria.

Roberto Madrazo Pintado

Con el desarrollo de la campaña mejoró su propuesta. Tiene ideas específicas sobre el fortalecimiento de las instituciones al interior del TLCAN.

Su idea del fondo económico entre los participantes del tratado parece difícil de aplicar. La única manera de crear el fondo sería un intercambio de situaciones ventajosas; por ejemplo, permitir la participación privada en el sector energético o algún tipo de negociación que movilice la participación de sectores en Estados Unidos. Se añadió que vincular tales fondos a la coyuntura de 2008 para ayudar a los tres estados más pobres del país es poco factible y crea expectativas injustificadas.

Se consideró equivocada la propuesta de crear un tribunal permanente para la solución de controversias. Por un lado, su viabilidad política es muy baja porque difícilmente EUA lo aceptaría; por otro lado, hay otras maneras para alcanzar los objetivos de dicha propuesta, como el de entendimiento de diferencias de la OMC, el cual funciona satisfactoriamente.

Andrés Manuel López Obrador
En cuanto a diseño, establece con precisión su objetivo: la renegociación del TLCAN en el área agrícola. Sin embargo, los panelistas pusieron en duda la viabilidad de tal propuesta.

Es pertinente su preocupación sobre la conclusión en 2008 de la liberación de maíz y frijol. No obstante, la propuesta no es realista (al plantear una posible renegociación), e implica consecuencias peligrosas (las que seguirían a medidas unilaterales de incumplimiento). Su mérito es identificar un problema relevante y proponer una solución, pero omite muchos aspectos.

Plantea el objetivo de frenar las presiones migratorias hacia el norte como si fueran responsabilidad de EU.

4. Migración

	FCH	RMP	AMLO	Escala de 0 a 4:
Diseño	NP	NP	NP	4 = Muy bien
Viabilidad	NP	NP	NP	3 = Bien
Implementación	NP	NP	NP	2 = Regular / 1 = Mal
Total	2.0	2.3	1.0	0 = Muy mal

Felipe Calderón Hinojosa
Se concentra demasiado en la política de protección.

Es adecuado su reconocimiento de que el tema migratorio quedó fuera de las instituciones del TLCAN.

Hay avance en cuanto a la identificación del problema (por la vinculación entre migración y seguridad). Sin embargo, las propuestas son todavía muy generales.

La propuesta de la tarjeta para que no se cobren comisiones a las remesas de los migrantes parece inviable porque implica un compromiso financiero importante.

Sobresale también el rubro de la frontera segura en el sur (menciona Tapachula). Es pertinente el énfasis en esta frontera, pero deja sin aclarar si se trataría de una política coordinada o unilateral.

Algunos evaluadores apoyaron la idea de crear fondos de inversión entre los tres países de América del Norte (más realista que un fondo de cohesión como en Europa), para invertir en los estados que expulsan un mayor número de migrantes.

Hubo acuerdo sobre la pertinencia de sus tres ejes a la política migratoria.

Roberto Madrazo Pintado

Es adecuada su consideración del mercado laboral. También reconoce el problema de migrantes de otros países en México. En general sus propuestas finales son viables y concretas, como la de destinar recursos para reforzar los consulados.

La propuesta de crear una subsecretaria de migración fue considerada problemática porque podría sesgar las funciones de los consulados hacia cuestiones migratorias y actuar en menoscabo de otros temas, como promoción comercial y cultural.

Andrés Manuel López Obrador

El aspecto es más destacado de su planteamiento es ser específico en estrategia de cabildeo y grupos de empresarios y civiles. En la segunda evaluación se reconoció que hay avances en cuanto a la definición de objetivos (acuerdo migratorio), aunque persisten problemas de viabilidad dados los últimos acontecimientos en los Estados Unidos.

Supone, incorrectamente, que el principal tema de la política exterior es la migración.

La propuesta de hacer de los consulados "procuradurías para la defensa de los mexicanos que viven y trabajan del otro lado de la frontera" fue vista como inviable, debido a que contraviene las Convenciones de Viena.

5. Latinoamérica

	FCH	RMP	AMLO	Escala de 0 a 4:
Diseño	NP	NP	NP	4 = Muy bien
Viabilidad	NP	NP	NP	3 = Bien
Implementación	NP	NP	NP	2 = Regular 1 = Mal
Total	0.7	1.3	0.4	0 = Muy mal

Felipe Calderón Hinojosa

Los puntos fuertes en un inicio fueron mencionar a Centroamérica, el Caribe y el Plan Puebla-Panamá (con muchas generalidades). Se interpretó que las omisiones reflejaban un conflicto de prioridades del actual gobierno: América Latina en oposición a Norteamérica. Sus notas mejoraron ligeramente al proveer más información. No obstante, su propuesta, centrada en la promoción de democracia y derechos humanos, no parte de un diagnóstico de la situación en la región, sino de consideraciones de política interna.

Calderón se ha propuesto como líder de América Latina, y en su campaña habla de llevar buenas relaciones con la región. No obstante, hace un planteamiento muy politizado, que contradice en parte el objetivo anterior. Es extendida la opinión de que no sería fácil su comunicación con Castro, Morales, Chávez, e incluso Kirchner.

Roberto Madrazo Pintado

Es más específico que los otros dos candidatos al tratar relaciones por países.

Se consideró oportuna su propuesta de revisar tratados.

Aborda la cuestión de los mecanismos tradicionales de comunicación con Latinoamérica.

Establece prioridades claras para abordar el tema y retoma la importancia de las relaciones con Centroamérica.

Andrés Manuel López Obrador

Presenta una visión general sobre la necesidad de una mayor integración con América Latina, pero no explica cómo lograr tal objetivo.

6. Europa

	FCH	RMP	AMLO	*Escala de 0 a 4:*
Diseño	NP	NP	NP	4 = Muy bien
Viabilidad	NP	NP	NP	3 = Bien
Implementación	NP	NP	NP	2 = Regular
				1 = Mal
Total	0.3	1.2	0.3	0 = Muy mal

Felipe Calderón Hinojosa

Sus planteamientos permanecieron breves, generales e insuficientes a lo largo del proceso.

Roberto Madrazo Pintado
Pone como referencia el acuerdo comercial firmado hace una década para elevar el nivel de atención de México hacia Europa.

Sus consideraciones sobre el déficit comercial de México con Europa son importantes en el diagnóstico.

No hay avance en la definición de prioridades por países.

Andrés Manuel López Obrador
Al igual que Calderón, los evaluadores consideraron los planteamientos breves, generales e insuficientes.

7. Cuenca Asia-Pacífico

	FCH	RMP	AMLO	Escala de 0 a 4:
Diseño	NP	NP	NP	4 = Muy bien
Viabilidad	NP	NP	NP	3 = Bien
Implementación	NP	NP	NP	2 = Regular
				1 = Mal
Total	**2.0**	**2.1**	**0.4**	0 = Muy mal

Felipe Calderón Hinojosa
Su propuesta final parte de un planteamiento geoestratégico, analizando regiones y países.

El tema de política industrial es muy importante para determinar el nicho que debe privilegiar México en las relaciones con esta región.

Existe una mejoría en el diagnóstico al vincular el tema de competitividad interna con la importancia de las relaciones con esta región.

Reconoce que APEC es básicamente un foro de concertación.

Roberto Madrazo Pintado
Utiliza la APEC como eje del relanzamiento de las relaciones con el área. Establece prioridades claras por países (Japón, China, India y Corea).

Andrés Manuel López Obrador
Su diagnóstico identifica retos que plantea China para México, pero en general la ve únicamente como un ejemplo que puede seguir nuestro país, sin presentar una posición comparativa ni decir cómo competir con ella. No reconoce que ambos países interactúan y compiten en muchos ámbitos.

No hay propuestas concretas para el área.

ÁREA ECONOMÍA

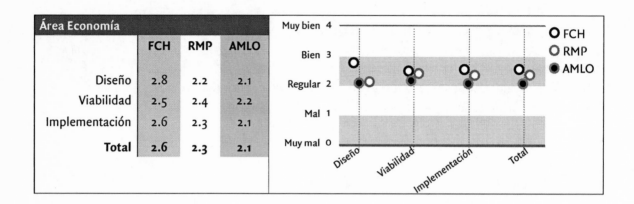

Área Economía	FCH	RMP	AMLO
Diseño	2.8	2.2	2.1
Viabilidad	2.5	2.4	2.2
Implementación	2.6	2.3	2.1
Total	**2.6**	**2.3**	**2.1**

I. Observaciones Generales

"En la segunda etapa se observó la convergencia de los candidatos hacia políticas generales de política monetaria y cambiaria".

ALGUNOS DE LOS TEMAS CON DIFERENCIAS SIGNIFICATIVAS estuvieron relacionados con el papel del Banco de México, la política tributaria y la forma de financiar el gasto, la posibilidad o necesidad de realizar reformas estructurales, la política de gasto público, el financiamiento de los pasivos contingentes del Estado, las ideas sobre competitividad y lo que habría que hacer con el sector energético, entre los más importantes. En la segunda etapa se observó como desarrollo muy favorable la convergencia de los candidatos hacia políticas generales de política monetaria y cambiaria como un tipo de cambio flexible, así como la protección de la autonomía del Banco de México. Esta es quizá la conclusión más relevante del área económica. Sin embargo, cabe mencionar que la información disponible acerca de la propuesta de Andrés Manuel López Obrador muestra incongruencias particularmente importantes en este tema.

La discusión frecuentemente acercó posiciones que de inicio eran más distantes, aunque desde luego algunas diferencias permanecieron. Ello dio lugar a una varianza de las evaluaciones mayor en el área de economía que en el resto de las áreas evaluadas.

Las propuestas frecuentemente carecieron de un diagnóstico adecuado, su realización era poco factible y no mencionaban maneras de implementación satisfactorias.

A lo largo del proceso de evaluación se hizo énfasis en las importantes diferencias que en el tema de política monetaria existen entre la plataforma de la coalición Por el Bien de Todos registrada ante el IFE y las respuestas de Andrés Manuel López Obrador al programa Diálogos por México. Esta discrepancia dio como resultado un cambio a la calificación otorgada por los evaluadores entre la primera y la segunda evaluación, al otorgarle a este segundo documento un mayor peso. En la tercera etapa, los evaluadores decidieron revisar su calificación nuevamente por diferencias públicas entre el candidato y sus asesores económicos.

En la gran mayoría de los temas se encuentra que tanto Roberto Madrazo como Felipe Calderón proponen no solo una continuidad con el modelo actual, sino incluso las mismas políticas, resaltando la falta de creatividad en buscar nuevas acciones más efectivas. Por su parte, López Obrador, habla de un modelo alternativo que no concreta en sus propuestas, lo que no permite evaluar su viabilidad.

"Convergencias como un tipo de cambio flexible, así como la protección de la autonomía del Banco de México".

II. Observaciones Particulares

1. Política Monetaria y Cambiaria

	FCH	RMP	AMLO	Escala de 0 a 4:
Diseño	3.2	3.0	3.3	4 = Muy bien
Viabilidad	3.4	4.0	3.3	3 = Bien
Implementación	3.0	4.0	3.2	2 = Regular
				1 = Mal
Total	3.2	3.3	3.3	0 = Muy mal

Felipe Calderón
En su propuesta final depuró sus objetivos sobre la autonomía del Banco de México y el tipo de cambio.

Roberto Madrazo
Los evaluadores coincidieron con su planteamiento de conservar las responsabilidades del Banco de México, especialmente su autonomía y sus objetivos.

Algunos evaluadores consideran como un defecto que no reconozca el debate sobre el tipo de cambio (su posible utilización para estimular la actividad económica). La mayoría, no obstante, piensa que ese debate es de mediados de los años noventa y que ahora hay acuerdo en que no funciona para promover exportaciones.

Andrés Manuel López Obrador
Su propuesta se basa en la idea de que se ha sacrificado crecimiento por controlar la inflación; la mayoría de los evaluadores no está de acuerdo.

Propone dar otros objetivos de política al Banco de México además del control de la inflación: el de crecimiento y la generación de empleo. No obstante, la institución sólo tiene un instrumento, la política monetaria, lo cual es insuficiente para lograr los nuevos propósitos.

Con base en la plataforma de la Alianza por el Bien de Todos, algunos evaluadores consideraron que su propuesta de modificar la ley sobre el Banco de México se debía al interés de restringir su autonomía con el fin de utilizar la política monetaria para estimular el crecimiento económico. Esto fue revisado y aclarado para la segunda etapa (con el texto de Diálogos por México), y se determinó que su posición gira en torno a un tipo de cambio flexible y la autonomía del Banco de México. Sin embargo, en la tercera etapa se reconsideró la calificación por las diferencias entre las declaraciones públicas del candidato y una revisión más rigurosa de los documentos presentados.

Como objeción, se planteó que las políticas de cambio flexible e inflación baja pueden resultar impracticables en una economía, como la que propone López Obrador, basada en el uso del petróleo para su desarrollo y en la que el régimen fiscal de PEMEX permanecería igual.

2. Política Tributaria y Deuda Pública

	FCH	RMP	AMLO	Escala de 0 a 4:
Diseño	3.4	1.5	1.7	4 = Muy bien
Viabilidad	2.0	1.8	2.0	3 = Bien
Implementación	3.0	1.9	1.9	2 = Regular
				1 = Mal
Total	2.8	1.7	1.9	0 = Muy mal

Aspectos Generales

Se observa una convergencia en los puntos de vista de los tres candidatos en el tema de la simplificación de las tasas impositivas.

La viabilidad de las tres propuestas es cuestionable desde el punto de vista político: apenas se plantean el problema de conseguir acuerdos detallados para realizar una reforma fiscal. Existe un consenso en que se requieren más recursos, pero ninguno de los candidatos reflexiona suficientemente en la necesidad de mejorar el destino y efectividad del gasto público.

Las propuestas no tratan suficientemente el tema de los precios de los bienes y servicios que controla la Secretaría de Hacienda, como parte de la política de ingresos del sector público.

Otra omisión importante fue la de plantear lo que ocurrirá con el monto y la estructura del gasto público en caso de que su política de ingresos sea insuficiente para recaudar los recursos necesarios.

Felipe Calderón Hinojosa

Parece le propuesta más sólida. Insiste en la tasa única del impuesto sobre la renta para empresas y personas físicas y reconoce la gran evasión por el lado del IVA. Esta propuesta es técnicamente congruente y fácil de implementar, pero poco viable por requerir la aprobación del Congreso (si bien sugiere un elemento progresivo, lo que aumentaría su viabilidad).

No se tiene certeza de la efectividad recaudatoria de la tasa única, pues es incierto que bajando la tasa impositiva se acreciente la recaudación.

Es el único que menciona, varias veces, la idea de llevar a cabo políticas anticíclicas utilizando un fondo de contingencia. Es una idea interesante, pero no la explica con suficiente detalle.

Una debilidad importante es no considerar con cuidado el tamaño de la economía informal y sus consecuencias.

Se concentra en el ISR, y no aclara correctamente las propuestas sobre el IVA.

La autonomía del SAT no es necesariamente benéfica y la propuesta no se justifica lo suficiente.

Roberto Madrazo Pintado

Su diagnóstico es correcto en general, aunque vago en algunos puntos. Su posición es más bien conservadora y no propone cambios sustanciales a la estructura del sistema impositivo actual. No ofrece mecanismos específicos para resolver el problema de la baja recaudación tributaria. Sus propuestas son factibles en el corto plazo, pero no son efectivas ni sostenibles en el largo plazo. Por tanto, su diseño no es el más adecuado.

Varias de sus propuestas son meramente declarativas; por ejemplo, "asignar el gasto de acuerdo con el interés público".

Andrés Manuel López Obrador

Propone un reordenamiento fiscal disminuyendo salarios de los servidores públicos y reduciendo algunos programas; esto es factible ya que no requiere la aprobación del Congreso, pero puede producir dificultades jurídicas y efectos perniciosos (salarios diferenciados con respecto a los otros Poderes, incentivos a la corrupción o selección de personal menos calificado).

Es un gran acierto su propuesta de eliminar los regímenes especiales del ISR, aunque llevarlo a la práctica sea difícil por razones políticas.

Propone que haya tres niveles escalonados para el impuesto sobre la renta, según el nivel de ingreso; se trata de una simplificación adecuada.

Para generar más ingresos propone eliminar varios conceptos de deducibilidad impositiva a las empresas (excepto a las PYMES, que son la gran mayoría). Es una idea viable, pero su efectividad es muy dudosa.

El lema de "eficiencia y eficacia de la política tributaria" (disminuir la evasión y la elusión fiscal) mantiene en buena medida la situación actual. Contrasta con la propuesta de una tasa impositiva única de Felipe Calderón. No está claro cuál de las dos sea más factible en el corto plazo en términos de recaudación, pero la idea de López Obrador es ineficaz a largo plazo.

La lógica interna de las propuestas es imperfecta. Por ejemplo, critica la actual política de gasto restringido, pero declara que busca déficit reducidos.

Su política económica general se consideró insatisfactoria, sobre todo porque sus ideas para cubrir las necesidades de financiamiento del Estado (simplificación administrativa y el ataque a la corrupción) no son convincentes.

3. Pensiones

	FCH	RMP	AMLO	Escala de 0 a 4:
Diseño	2.5	1.8	1.3	4 = Muy bien
Viabilidad	1.9	1.7	1.4	3 = Bien
Implementación	2.5	2.1	1.8	2 = Regular
				1 = Mal
Total	2.3	1.8	1.5	0 = Muy mal

Felipe Calderón Hinojosa

En general su propuesta consiste en conservar las políticas actuales añadiendo algunas mejoras; el inconveniente principal que presenta dificultades de implementación.

Es valiosa su idea de considerar la portabilidad de los fondos de pensiones a diferentes sistemas.

No habla de incrementar las aportaciones.

Roberto Madrazo Pintado

Sus propuestas son parecidas a las llevadas a cabo por la presente administración.

Menciona al ISSSTE sin referirse a la edad de retiro ni el nivel de las contribuciones de los trabajadores (señala la necesidad de aumentar las aportaciones, pero sin especificar cuánto, ni las de quiénes).

La propuesta de extender el sistema de pensiones a todo el sector público es deseable, pero no aclara cómo la llevaría a la práctica; los panelistas consideraron la idea insostenible financieramente a mediano y largo plazo.

Andrés Manuel López Obrador

Es conveniente su propuesta de aumentar la edad de jubilación.

Es positivo que considere la creación de empleo formal, aunque no queda claro cómo lograrlo.

Los evaluadores mostraron gran preocupación ante la propuesta de destinar los fondos de las Afores a proyectos para "el desarrollo" del país (como en la CFE y PEMEX) y no para beneficio directo del asegurado, quien es el legítimo dueño de los fondos. Asimismo, preocupó la inclinación de este candidato a otorgar discrecionalidad a las autoridades respecto al destino del ahorro a largo plazo, en lugar de dejarle esa tarea al sector privado. Presenta varias propuestas declarativas sin explicar cómo pueden aplicarse. Por ejemplo, que el monto de las pensiones debe ser suficiente para ofrecer un retiro digno a las personas.

4. Infraestructura

	FCH	RMP	AMLO	Escala de 0 a 4:
Diseño	1.9	1.7	2.4	4 = Muy bien
Viabilidad	2.2	2.0	2.5	3 = Bien
Implementación	1.4	1.5	2.3	2 = Regular / 1 = Mal
Total	1.8	1.7	2.4	0 = Muy mal

Felipe Calderón Hinojosa
Presenta un buen planteamiento general, aunque poco específico. En particular, habla de la co-inversión entre sector público y privado, pero sin detallar las reglas de operación.

Propone la asignación de proyectos a quien ofrezca mejores condiciones, no costos; esto es contra la Ley el día de hoy. Además, "costos" debería implicar condiciones de contratación, entre otros temas.

Roberto Madrazo Pintado
Es positivo su reconocimiento a la necesidad de un cambio importante en la materia y que identifique problemas de regulación.

No trata el tema del financiamiento de la infraestructura. Varias propuestas son sólo declarativas.

Andrés Manuel López Obrador
Coincide con los otros candidatos al proponer una coordinación entre inversión privada y pública, en tanto que su tratamiento del financiamiento es mejor porque considera co-inversiones e inversión extranjera directa.

Un tema al que le dedica mucho espacio es el ferrocarril México-Estados Unidos; idea interesante, pero impracticable. Incluye el tema de los derechos de paso, pero el planteamiento puede ser violatorio de los derechos actuales de los concesionarios. Las especificaciones para velocidad de 350 km. por hora requieren mejorar, incluso, la calidad de los rieles a un costo enorme. Además, con el aumento continuo en el precio de los combustibles, habrá mayor demanda de trenes de carga y se opondrá al servicio de pasajeros. Se dan muchos detalles pero el proyecto es débil y muy costoso.

En la segunda evaluación considera otra serie de proyectos de infraestructura con más importancia y más factible.

El concepto de concesión de bancos regionales es inadecuado (desde los años noventa son autorizaciones).

5. Federalismo Hacendario y Desarrollo Regional

	FCH	RMP	AMLO	Escala de 0 a 4:
Diseño	2.4	1.7	1.6	4 = Muy bien
Viabilidad	1.8	1.4	1.7	3 = Bien
Implementación	2.6	1.4	1.6	2 = Regular / 1 = Mal
Total	2.2	1.5	1.6	0 = Muy mal

Felipe Calderón Hinojosa
Es un gran acierto establecer mecanismos de rendición de cuentas sobre los recursos federales en los estados, antes de otorgarles más fondos.

La versión final de su propuesta se centra en el turismo como eje de desarrollo regional, lo cual mejora su diseño.

Renegociar la ley de coordinación fiscal, como propone, es muy difícil políticamente.

Roberto Madrazo Pintado
Trata todo lo políticamente correcto pero sin suficiente sustancia. No plantea cambios importantes.

Propone una mayor descentralización en la administración pública, pero no enfatiza que la descentralización debe ir acompañada de instituciones adecuadas, en particular mecanismos de rendición de cuentas.

Andrés Manuel López Obrador
Asume que la banca regional tiene ventajas sobre la nacional, lo cual no es necesariamente cierto. Es un error técnico suponer que la banca regional se otorga por concesión.

Contra lo que supone, la segmentación regional de la banca no se considera el principal desarrollo futuro, sino el establecimiento de bancos especializados por nicho de oportunidad. La base de su propuesta, y solución general del problema, es acercar capital a las regiones. Esto asume que en la actualidad existe un financiamiento nulo o muy reducido, y que la nueva banca regional podría operar a costos sustancialmente más bajos que la actual.

Propone menores comisiones para el IPAB, pero de hecho éste no las cobra.

6. Competitividad

	FCH	RMP	AMLO	Escala de 0 a 4:
Diseño	3.1	3.0	1.6	4 = Muy bien
Viabilidad	3.0	2.5	1.9	3 = Bien
Implementación	2.5	2.5	2.2	2 = Regular 1 = Mal
Total	2.9	2.7	1.9	0 = Muy mal

Aspectos Generales

Los evaluadores consideraron adecuado que los tres candidatos propongan fortalecer a la Comisión de Competencia.

En cuanto al mercado laboral, los candidatos mencionan diversas ideas de flexibilización, lo cual es positivo, pero sin considerar la posibilidad de brindar un seguro de desempleo –por mínimo que sea– aparejado a la libertad de despedir más fácilmente.

En la primera etapa ninguno de los candidatos propone formas mediante las cuales los empresarios pueden contribuir junto con el gobierno en la creación de empleo.

Felipe Calderón Hinojosa

La versión final de su propuesta tiene planteamientos claros para la creación de empleo que se concentran en cinco puntos: Estado de derecho, mercado laboral, sector energético, precios, y pequeña y mediana empresa. La mayoría de sus ideas son puntuales e incluyen aspectos muy relevantes, como el apartado de regulación y tecnologías para mejorar la competitividad.

Varios panelistas resaltaron la adecuada arquitectura institucional que establece. Como ejemplo está su énfasis en fortalecer las comisiones Reguladora de Energía y Nacional Bancaria.

Los evaluadores consideraron positivo dar autonomía financiera a la Comisión de Competencia para asegurar su independencia del poder político.

Su planteamiento sobre la reforma laboral es semejante a lo que se ha presentado en la presente administración y es fácil de aplicar, pero la flexibilización laboral no lo es.

Se señaló el efecto perjudicial que puede tener en la competitividad la creación de un programa como el Seguro Popular, que pretende abarcar a toda la población y para el que no se especifica la fuente de financiamiento.

Roberto Madrazo Pintado

Trata adecuadamente el tema de la competitividad, pues no solo plantea ser competitivos en el mercado externo, sino sobre todo en el interno. Esto requiere impulsar la innovación, la creación de clusters regionales, la concatenación de cadenas productivas (es el único que habla de estos dos últimos elementos), y otros aspectos actualmente en discusión. Presenta una perspectiva más integral de las empresas.

Enfatiza el combate a las prácticas monopólicas para promover la competencia. Aunque el método puede ser cuestionable (la creación de un Sistema Nacional de Competitividad), se trata de una mejora clara en el diseño de su propuesta.

En cuanto a la política industrial, hubo diferencias entre los evaluadores; mientras algunos consideraron perjudicial establecer una política específica (por ejemplo estableciendo aranceles que favorezcan a determinados sectores o "escoger ganadores"), otros consideraron una gran fortaleza de Madrazo justamente promover una política industrial activa, como la que se aplica en muchos países.

Parece igualar productividad (laboral) con competitividad.

Su nota de implementación mejoró por elementos puntuales, como plantear una reforma al código penal para favorecer la competitividad.

Andrés Manuel López Obrador

Este candidato no alude al tema de la competitividad como tal. En general sus conceptos al respecto están poco elaborados.

Una idea adecuada es el fortalecimiento de la banca de desarrollo para favorecer la competitividad.

Propone un incremento del gasto en infraestructura para aumentar la competitividad.

En cuanto a los costos de los energéticos, se fundamenta en el costo real para mejorar la competitividad. Este es un punto debatible por la posible manipulación que enfrentan los análisis de costos y por el problema fiscal que una política de este tipo generaría si no se cuenta con fuentes alternativas de ingresos para el gobierno.

Hubo opiniones diferentes en cuanto a su política arancelaria. Mientras que algunos evaluadores la consideraron una práctica normal en muchos países desarrollados, otros sintieron que era contraproducente por ir en contra de tratados internacionales firmados por México.

7. Empleo

	FCH	RMP	AMLO	Escala de 0 a 4:
Diseño	2.3	2.4	1.9	4 = Muy bien
Viabilidad	2.4	2.7	2.1	3 = Bien
Implementación	NP	NP	NP	2 = Regular
				1 = Mal
Total	2.4	2.5	2.0	0 = Muy mal

Felipe Calderón Hinojosa

Su punto central es flexibilizar la jornada laboral, sin embargo no propone medidas específicas para lograrlo.

Es pertinente que una parte de su propuesta se relacione con la situación actual del Estado de derecho. Tiene una visión de la estructura institucional necesaria para lograr las propuestas.

Su posición sobre el papel del turismo en el desarrollo regional potencia la dinámica del empleo.

Un supuesto cuestionable, presente en toda la propuesta, es que a mayor competitividad corresponde mayor empleo. Algunos panelistas sintieron que el nuevo material se resumía en afirmar que las inversiones generarán empleo.

Dos características generales de su propuesta son que la mayoría de sus medidas son macroeconómicas y falta conjuntar mejor sus elementos –aunque hubo avances importantes con el nuevo documento que se tomó en cuenta en la segunda etapa.

Roberto Madrazo Pintado

Menciona la necesidad de un nuevo entendimiento entre el capital y el trabajo, en el que se haga explícito que no todos los actores económicos se beneficiarán de las ventajas del crecimiento al mismo tiempo. Propone políticas activas de coordinación y capacitación, entre otras formas de mejorar el capital humano.

Destaca el reconocimiento de la necesidad de cambiar la legislación con el fin de permitir una mayor flexibilidad en el mercado laboral.

Andrés Manuel López Obrador

Plantea varios objetivos loables sin fundamentarlos adecuadamente. Propone la generación de empleo para personas mayores de edad sin plantear cómo llevarla a cabo.

Propone la participación de los trabajadores en los consejos de administración, lo que los panelistas consideraron poco factible y poco deseable.

Es acertado que procure vincular la generación de empleo con recuperación salarial, dinamismo del sector de la construcción y productividad. No obstante, casi todos los evaluadores consideran que la construcción de casas, como instrumento para incrementar el empleo, no es adecuada en el mediano y largo plazo. Es una cuestión de consumo, no de inversión. Si bien la propuesta parte de la realidad –la construcción es el principal generador de empleos en México– su conclusión puede matizarse más e incluir otros elementos.

8. Sector Energético

	FCH	RMP	AMLO	Escala de 0 a 4:
Diseño	2.3	1.9	2.0	4 = Muy bien
Viabilidad	2.4	2.0	2.0	3 = Bien
Implementación	2.0	2.1	1.9	2 = Regular
				1 = Mal
Total	2.1	2.0	2.0	0 = Muy mal

Aspectos Generales

Los evaluadores consideraron que si bien los tres candidatos desean aumentar los recursos de PEMEX para inversión disminuyendo su aportación a los ingresos públicos, ninguno toma en cuenta el impacto de tal medida en el balance fiscal global.

Ningún candidato presenta un diagnóstico atinado que explique las causas de los problemas que aquejan a este sector y menos proponen soluciones realistas para mejorar su eficiencia.

En el libro En negro sobre blanco Calderón y López Obrador mejoraron considerablemente la exposición de sus puntos de vista.

Felipe Calderón Hinojosa
Hubo preocupación entre los evaluadores porque parece aceptar algún tipo de privatización del sector energético irreflexivamente, sin tomar en cuenta las instituciones existentes y los mecanismos para extraer las rentas económicas que son propiedad del Estado. La viabilidad política es la principal deficiencia del planteamiento.

No hay claridad de cómo dejar de depender del petróleo para obtener los ingresos fiscales y las divisas si se privatiza PEMEX, o incluso si sólo cambia su régimen fiscal.

Roberto Madrazo Pintado
Su diagnóstico es muy amplio y abarca prácticamente todas las áreas del sector.
Las propuestas están encaminadas a realizar cambios en PEMEX, que se

han venido sugiriendo desde la administración anterior. Éstos se dirigen, entre otros objetivos, a reestructurarla, aumentar sus ingresos propios modificando su régimen fiscal y modificar el Consejo de Administración para hacerlo más profesional. Algunos evaluadores mencionaron que, implícitamente, se trataba de un proceso gradual y selectivo de privatización.

Se consideró que las propuestas anteriores son poco viables por razones políticas. Además se antoja difícil conciliar la idea de un PEMEX más fuerte financieramente con la necesidad de mantener y aumentar los recursos del Estado.

Andrés Manuel López Obrador
Algunos evaluadores consideraron positiva su idea de depender menos del gas, mientras que otros lo consideran un retroceso en términos de su impacto en el crecimiento sustentable.

Se evaluó positivamente su insistencia en dedicar recursos a proyectos rentables de inversión, y no a gasto corriente.

La propuesta considera volver al esquema de producción de PEMEX (en vez de dividirla en varias compañías) y eliminar los productores externos de energía. La mayoría de los panelistas mostró desacuerdo al respecto.

Los evaluadores consideraron incongruente la propuesta de aumentar los recursos de PEMEX para la inversión sin tomar en cuenta su impacto en las finanzas públicas.

En la tercera evaluación, plantea con respecto a la petroquímica, una invitación a capital privado como la que ya se intentó. Los evaluadores consideraron que no se puede implementar, pues como ya se vio no es una inversión que le atraiga al sector privado si no hay pleno control accionario.

9. Desarrollo Rural

	FCH	RMP	AMLO	Escala de 0 a 4:
Diseño	2.8	2.7	1.6	4 = Muy bien
Viabilidad	2.9	2.3	1.5	3 = Bien
Implementación	2.0	2.0	2.0	2 = Regular
				1 = Mal
Total	2.6	2.3	1.7	0 = Muy mal

Aspectos Generales
Las propuestas no se presentan en el contexto global de nuestro mercado agrícola, tan cercano al de EUA, donde hay que ponerse en los mismos términos que el principal socio comercial.

Se evaluó negativamente el hecho de que las propuestas consideren únicamente el otorgamiento de créditos y no otros mecanismos, como por ejemplo crear un mercado de hipotecas.

Felipe Calderón Hinojosa
Los evaluadores consideraron sus propuestas bastante prácticas; en general propone continuar lo que se está realizando en la actual administración. Una excepción importante es su respuesta a la apertura comercial de maíz y frijol en 2008: aumentar los subsidios al campo para equiparar los productores nacionales con los extranjeros, lo cual tiene poca viabilidad financiera.

Se resaltó el carácter innovador de varias propuestas.

Se consideró buena la propuesta de mejorar el registro público para reducir gastos notariales, única entre todos los candidatos.

En la tercera evaluación se hizo notar la importante ausencia de programas específicos, como el INFONAVIT, (por ejemplo, tener registros en forma individual), y el trato superficial de los subsidios para vivienda rural.

Roberto Madrazo Pintado
Su diagnóstico es amplio y señala los puntos centrales del tema. Las propuestas de Madrazo son más exhaustivas que las de Calderón, pero se les asemejan en la forma: listas de propósitos, no siempre hilados adecuadamente.

La principal crítica es que requiere más innovación.

Andrés Manuel López Obrador
Su propuesta fundamental es reabrir el TLCAN en maíz y frijol para asegurar la permanencia de la agricultura campesina. Los panelistas consideraron central este tema en la discusión del TLCAN cuando próximamente se cumpla el plazo para incorporar estos productos al libre comercio. No obstante, esta propuesta puede tener efectos perniciosos si se decide aplicar medidas unilaterales.

Una propuesta positiva pero poco viable es incorporar a 20,000 agrónomos al esfuerzo de consolidación del campo.

10. Vivienda

	FCH	RMP	AMLO	Escala de 0 a 4:
Diseño	3.3	2.3	2.5	4 = Muy bien
Viabilidad	3.2	2.1	2.5	3 = Bien
Implementación	2.8	2.1	2.1	2 = Regular 1 = Mal
Total	3.1	2.2	2.4	0 = Muy mal

Felipe Calderón Hinojosa
Toma como propia la política exitosa de la presente administración, lo cual se
consideró pertinente y factible. No obstante, no especifica en qué aspectos ni
como va a continuar las políticas, ni identifica qué es lo que se ha hecho bien.

Al igual que Roberto Madrazo, propone abaratar el costo de los créditos y
aumentar su disponibilidad.

Roberto Madrazo Pintado
Presenta un diagnóstico con poco sustento. Las propuestas indican propósitos
sin considerar su viabilidad y formas de implementación.

Andrés Manuel López Obrador
Los evaluadores encontraron muy positivo que los fondos del INFONAVIT
y del FOVISSSTE no se utilicen para pagar pensiones, sino para lo que fueron
creados.

Una debilidad de la propuesta es plantear "acciones" como metas, sin justificar los objetivos.

11. Política Industrial

	FCH	RMP	AMLO	Escala de 0 a 4:
Diseño	2.5	2.0	2.0	4 = Muy bien
Viabilidad	2.8	1.5	1.5	3 = Bien
Implementación	2.8	1.2	1.0	2 = Regular
				1 = Mal
Total	2.7	1.6	1.5	0 = Muy mal

Aspectos Generales
Desde la primera evaluación hubo diferencias entre los evaluadores, pues algunos consideraban que la mejor política industrial era la que no existía, mientras
que otros pensaban que debía existir una política industrial activa como la de
otros países.

Los evaluadores consideraron transparentar los subsidios como algo muy
importante y necesario actualmente, en particular para política industrial, lo que
no siempre se mencionaba.

Las tres propuestas difieren considerablemente entre sí, si bien Calderón y
Madrazo tienen algunos puntos de diagnóstico en común.

Felipe Calderón Hinojosa
Una propuesta valiosa de Calderón es quitar tratos preferenciales para estable-

cer una política comercial homogénea. Por ejemplo, en el caso de permisos especiales a los productores que usan como insumos ciertos bienes cuyas tarifas suben mucho. Además, es la propuesta más viable de las consideradas porque se parece al esquema actual.

Roberto Madrazo Pintado
Una de las políticas industriales de Madrazo es crear una cultura empresarial con enfoque en el valor, lo cual no dice mucho.

Mejora en la propuesta de infraestructura productiva y clusters regionales, pero su viabilidad es baja. Además faltaría desarrollar o especificar más el tipo de mercados donde se necesitaría aplicar.

Andrés Manuel López Obrador
Su propuesta es otorgar mayores subsidios a los energéticos, únicamente a los grandes exportadores, lo cual fue considerado erróneo. Es un esquema totalmente contrario a la posición de Calderón.

12. Turismo

	FCH	RMP	AMLO	Escala de 0 a 4:
Diseño	NP	NP	NP	4 = Muy bien
Viabilidad	NP	NP	NP	3 = Bien
Implementación	NP	NP	NP	2 = Regular / 1 = Mal
Total	1.8	1.6	1.5	0 = Muy mal

Aspectos Generales
Los evaluadores consideraron que las propuestas no consideran cambios de fondo, como por ejemplo abrir los cielos mexicanos para el transporte aéreo con el fin de incentivar el turismo.

Otro problema es la ausencia de propuestas sobre la seguridad jurídica de las inversiones.

Hacen falta políticas de Estado en los tres candidatos, por lo que las evaluaciones resultaron más bien bajas. Por ejemplo, la transparencia en el manejo de recursos de los municipios para mejorar los destinos turísticos.

Felipe Calderón Hinojosa
Se ve claramente el respaldo gubernamental en las propuestas de este candidato (de FONATUR en particular). Incluso parecen extraídas de las políticas de gobierno. Una consecuencia positiva de esto es que refleja mayor experiencia en el tema.

Aún así, Calderón da mayor peso al turismo en los materiales nuevos que presenta, vinculándolo con desarrollo regional y crecimiento económico. Su propuesta es más sólida, especialmente en diseño.

Roberto Madrazo Pintado

Andrés Manuel López Obrador
Presenta proyectos inviables, como convertir las Islas Marías en un desarrollo turístico llamado la Isla de los Niños. Incluso se consideró como proyecto negativo, por los grandes costos no considerados.

ÁREA SOCIAL

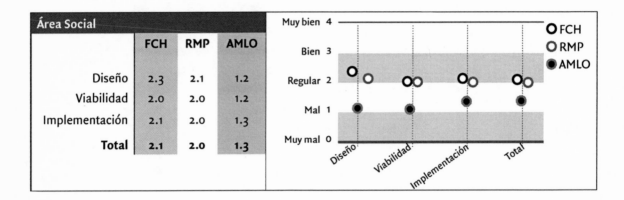

Área Social	FCH	RMP	AMLO
Diseño	2.3	2.1	1.2
Viabilidad	2.0	2.0	1.2
Implementación	2.1	2.0	1.3
Total	**2.1**	**2.0**	**1.3**

I. Observaciones Generales

"Los tres candidatos mejoraron a lo largo del proceso, pero se subrayó la persistencia de un defecto común: la falta de esquemas de financiamiento para hacer factibles las propuestas".

EN GENERAL, CALDERÓN Y MADRAZO tuvieron calificaciones regulares. El primero obtuvo sus mejores notas en Educación Superior, Política Ambiental y Medio Ambiente Natural. El segundo en Política Educativa, Educación Básica y Educación Superior.

López Obrador obtuvo en general calificaciones malas, la más baja en Educación Superior. Su mejor nota estuvo entre regular y bien en Docencia y Carrera Magisterial.

La inclusión de temas nuevos (Pueblos y Comunidades Indígenas, Equidad de Género y Grupos Vulnerables) redujo el promedio de las notas de la segunda evaluación porque, en general, dichos temas obtuvieron notas más bajas que el resto.

Algunos de los comentarios recurrentes fueron que las propuestas no tienen una visión de conjunto, no incluyen criterios de evaluación –con algunas excepciones, como Calderón en Educación– y las cifras que presentan están poco relacionadas con el discurso.

Los tres candidatos mejoraron a lo largo del proceso, pero se subrayó la persistencia de un defecto común: la falta de esquemas de financiamiento para hacer factibles las propuestas.

En el tema de Educación, los evaluadores consideraron que ninguno de los candidatos propone cómo romper con las inercias del pasado. Las menciones a la capacitación de los maestros, cuando se dan, son insuficientes. Se señaló una falta de visión estratégica en la política educativa, que debería estar más claramente encaminada a reducir el problema de la desigualdad en la educación.

Se destacó la ausencia de un enfoque educativo que procure una mejor preparación de los jóvenes para adquirir conocimientos, más allá de la intención de insertarlos en el mercado laboral.

En el tema de Pobreza, las propuestas se consideraron mal integradas. Se mencionó la falta de innovaciones y creatividad para atender las causas de este problema. La ausencia de consideraciones presupuestales es particularmente grave, lo que resta viabilidad a las tres propuestas. Otra característica común es que se basan en programas ya existentes sin evaluar su desempeño actual.

Sobre Medio Ambiente, los evaluadores apuntaron que las propuestas presentan diagnósticos incompletos, no enfatizan suficientemente el empleo de instrumentos económicos para conservar el medio y omiten en general las relaciones entre crecimiento y medio ambiente. Calderón y Madrazo mejoraron después de la primera etapa por señalar aspectos de evaluación y proponer algunos instrumentos económicos eficientes para la conservación y aprovechamiento del medio ambiente.

En cuanto al tema de Salud, lo más destacado es la coincidencia en el objetivo de la cobertura universal. Sin embargo, las tres propuestas asumen injustificadamente que habrá recursos suficientes para los proyectos.

"En el tema de Educación, los evaluadores consideraron que ninguno de los candidatos propone cómo romper con las inercias del pasado".

II. Observaciones Particulares

1. Educación

	FCH	RMP	AMLO	Escala de 0 a 4:
Diseño	2.4	2.4	1.1	4 = Muy bien
Viabilidad	2.2	2.3	1.3	3 = Bien
Implementación	2.4	2.4	1.5	2 = Regular
				1 = Mal
Total	2.3	2.4	1.3	0 = Muy mal

Aspectos Generales

Se subrayó la falta de planteamientos integrales de política educativa.

Tanto Calderón como Madrazo subrayan la necesidad de continuar con el programa Oportunidades para generalizar la educación básica, pero no llevan a cabo una revisión metódica de los resultados de dicho programa.

En cuanto a los maestros, los candidatos se distinguen en el propósito de incluirlos en la formulación de contenidos y políticas. Se asemejan en la omisión de un planteamiento a fondo sobre la capacitación de los docentes en todos los niveles educativos.

Otros temas que diferencian las propuestas son la importancia de la evaluación y el diagnóstico de la dinámica de la cobertura educativa.

1.1. Política Educativa

	FCH	RMP	AMLO
Diseño	2.3	2.8	1.1
Viabilidad	2.6	2.7	1.5
Implementación	2.3	2.6	1.4
Total	2.4	2.7	1.3

Escala de 0 a 4:

4 = Muy bien
3 = Bien
2 = Regular
1 = Mal
0 = Muy mal

"Se señaló una falta de visión estratégica en la política educativa, que debería estar más claramente encaminada a reducir el problema de la desigualdad en la educación".

Aspectos Generales

Calderón y Madrazo abordan el tema del Instituto Nacional de Evaluación y plantean su autonomía mediante la revisión de la Ley.

Algunos panelistas consideraron realista y pertinente la sugerencia de López Obrador de que los planes y programas de educación se negocien con el magisterio.

Una omisión fue la de reducir la enorme desigualdad en el sistema educativo. Ningún candidato en consideración posee una visión que reduzca las diferencias regionales, en especial sobre el rendimiento académico de los alumnos.

Se consideró que los temas del financiamiento y el uso eficiente de recursos no fueron suficientemente atendidos. Los tres candidatos asumen la necesidad de aumentar el gasto público sin una justificación sólida.

Felipe Calderón Hinojosa

Es positivo su énfasis en la evaluación de la educación pública, si bien no aclara cómo la implementaría. Resalta aspectos de recursos e infraestructura (insumos en general) sin ponderar el tema educativo en su totalidad.

Se destacó su insistencia de integrar a los padres de familia en el proceso de toma de decisiones, su preocupación por lo que pasa dentro de las escuelas y su interés por corregir prácticas pedagógicas.

Son meritorios los señalamientos explícitos de destinar recursos federales a resolver problemas de infraestructura en las entidades y de aplicar un sistema de evaluación en todos los niveles.

Con frecuencia sus propuestas son imprecisas y generales. Presenta una postura poco crítica en relación con el programa Oportunidades y omite una reflexión cuidadosa sobre el papel del SNTE. Se destacaron deficiencias en los rubros de viabilidad e implementación: muchos de sus planteamientos dependen de la aprobación de una reforma fiscal.

Roberto Madrazo Pintado

Mejoró su diagnóstico al establecer matices en la manera de distribuir el gasto en educación.

Enfatiza la necesidad de eliminar duplicidades en los gastos educativos.

Otros puntos a su favor son enmarcar la enseñanza en una perspectiva de "educación para la vida" y proponer la institucionalización de becas de distintos tipos.

Se señalaron, sin embargo, deficiencias en el diseño de la política para el nivel medio superior (otorga una importancia excesiva a la educación tecnológica), y en el análisis de los requerimientos de financiamiento.

Andrés Manuel López Obrador

Los panelistas coincidieron en señalar que su política se resume en la generación de infraestructura. El acceso a la educación aparece como el principal problema en la visión de política educativa de este candidato.

Sus propuestas sobre el magisterio se consideraron interesantes.

Es preocupante la omisión de aspectos fundamentales como la generación de contenidos, la oferta de una educación de calidad y la formación docente.

Se consideró un grave error el planteamiento sobre la creación de 56,000 nuevos grupos de tercero de preescolar (la cobertura actual es casi universal), así como el de aumentar el número de escuelas primarias, sin notar que la demanda por este servicio está decreciendo.

Habla de mayor cobertura en la educación superior, sin embargo no menciona aspectos de calidad y vinculación que aseguren el cumplimiento de los propósitos fundamentales de este tipo de educación.

1.2. Docencia y Carrera Magisterial

	FCH	RMP	AMLO	Escala de 0 a 4:
Diseño	2.2	2.3	2.8	4 = Muy bien
Viabilidad	2.2	2.4	2.3	3 = Bien
Implementación	1.7	2.2	2.3	2 = Regular
				1 = Mal
Total	2.0	2.3	2.5	0 = Muy mal

Aspectos Generales

Los candidatos no consideran cuidadosamente el papel del sindicato en la materia. Los temas básicos que se deben de tratar, como educación de docentes, recursos y supervisión, no reciben la suficiente atención.

Felipe Calderón Hinojosa

Es adecuada su sugerencia de ponderar la pertinencia de hacer obligatoria la evaluación en todos los años de permanencia en la carrera magisterial; se consideró valiente su propuesta de que la carrera magisterial tenga vigencia anual. Sin embargo, se percibe poca vinculación con los maestros.

Roberto Madrazo Pintado
Propone acertadamente que la capacitación mínima de los docentes debe ser de educación superior. Se hizo notar, no obstante, que la ley ya estipula dicho requerimiento.

Andrés Manuel López Obrador
Distingue entre el magisterio y el SNTE –un avance mayor– e introduce la evaluación como un tema importante. Otro aspecto positivo es la propuesta de un sistema de escalamiento en el magisterio de acuerdo a méritos.

Su planteamiento es novedoso y valiente al fijar límites a la participación del SNTE en las funciones de la autoridad educativa.

Es el único de los candidatos en consideración que habla de la educación normal con un planteamiento integral, en el cual menciona que el problema de la calidad educativa empieza por la formación de los maestros.

Habla de garantizar las condiciones de trabajo y de no intervenir en el sindicato si resulta electo, pero no da una propuesta concreta.

1.3. Educación Básica y Alfabetización

	FCH	RMP	AMLO	Escala de 0 a 4:
Diseño	2.3	2.8	1.3	4 = Muy bien
Viabilidad	2.4	2.6	1.7	3 = Bien
Implementación	2.2	2.5	1.2	2 = Regular 1 = Mal
Total	2.3	2.6	1.4	0 = Muy mal

Felipe Calderón Hinojosa
Aporta elementos interesantes, con planteamientos adecuados.

Roberto Madrazo Pintado
Su mejor idea es reforzar las áreas matemáticas.

Andrés Manuel López Obrador
Resalta su insistencia en la necesidad de dar a la educación rural más flexibilidad de horarios y contenidos.

Otro punto positivo fue el énfasis en la supervisión como elemento para resolver el problema educativo.

La propuesta de "textos y útiles para todos" no considera el costo de operación del programa, ni el problema de supervisar dicha operación. Estos elementos descalifican la idea.

Algunos evaluadores piensan que su propuesta sobre textos únicos de educación secundaria atenta contra la libertad de interpretación de la cultura. Para ellos se trata de la perspectiva del adoctrinamiento contra la perspectiva de la investigación y desarrollo de habilidades de aprendizaje (la lógica de manual contra la lógica de biblioteca de aula).

1.4. Educación Media Superior

	FCH	RMP	AMLO	Escala de 0 a 4:
Diseño	2.5	1.3	0.6	4 = Muy bien
Viabilidad	2.3	1.9	1.5	3 = Bien
Implementación	2.1	1.8	1.3	2 = Regular / 1 = Mal
Total	2.3	1.7	1.1	0 = Muy mal

Aspectos Generales

Ninguno de los candidatos menciona el problema del gran número de jóvenes que no se incorporan al sistema, ni las lagunas con las que llegan los estudiantes a este nivel. Además, ninguno contempla innovaciones relevantes en el sistema actual.

Felipe Calderón Hinojosa

Su discurso contiene puntos valiosos y es más integral que el de los demás candidatos. Muestra preocupación por la vinculación de la educación media superior con la educación superior.

Reconoce el factor demográfico como variable de decisión y la necesidad de un organismo ciudadano para entregar becas.

Algunos evaluadores destacaron la propuesta de coordinar el crecimiento de la educación media superior con estados y municipios.

Roberto Madrazo Pintado

La propuesta se concentra excesivamente en la educación tecnológica. Es positiva la idea de introducir cursos propedéuticos compensatorios.

Andrés Manuel López Obrador

Su planteamiento se concentra en la construcción de escuelas. El diseño es poco acucioso.

1.5. Educación Superior

	FCH	RMP	AMLO	Escala de 0 a 4:
Diseño	2.8	2.8	0.0	4 = Muy bien
Viabilidad	2.5	2.6	0.6	3 = Bien
Implementación	2.5	2.6	0.5	2 = Regular 1 = Mal
Total	2.6	2.7	0.3	0 = Muy mal

Aspectos Generales

Las propuestas se diferencian sustancialmente, tanto en la forma de abordar la calidad, como en el tipo de instituciones que habría que apoyar para el crecimiento de la cobertura.

Los tres candidatos omiten establecer una política integral parala educación privada, que ya absorbe alrededor de la tercera parte de la matrícula.

Felipe Calderón Hinojosa

Los evaluadores reconocieron la valentía de proponer que los estudiantes participen en el financiamiento de la educación que reciben. Además, consideraron acertada la idea de introducir mecanismos de transparencia en las universidades.

Roberto Madrazo Pintado

Menciona la importancia de vincular la educación superior con los sectores productivos en el futuro cercano. Se aplaudió que tomara en cuenta el desarrollo y las características de las regiones para la orientación de las carreras en las distintas regiones del país.

Andrés Manuel López Obrador

Es novedosa la propuesta de vincular la educación superior y la científica-tecnológica con una nueva política industrial.

Se ve con preocupación la universalización de la educación superior como objetivo central, puesto que los recursos escasos para enfrentar el problema de la educación deberían enfocarse hacia la educación básica. El diseño permaneció deficiente; entre otras razones, porque el problema de la calidad está ausente.

2. Pobreza

	FCH	RMP	AMLO	Escala de 0 a 4:
Diseño	2.9	2.2	1.3	4 = Muy bien
Viabilidad	2.4	2.3	1.3	3 = Bien
Implementación	2.4	2.1	1.5	2 = Regular / 1 = Mal
Total	2.6	2.2	1.4	0 = Muy mal

Aspectos Generales

Los candidatos no señalan de donde obtendrán los recursos para llevar a cabo sus propuestas.

Ninguno trata el problema de los intermediarios en la producción agrícola, ni el problema de la incorporación de la población al mercado.

Calderón basa su propuesta de combate a la pobreza en los programas actuales de SEDESOL. Madrazo ofrece varias ideas similares, pero rechaza la focalización.

Felipe Calderón Hinojosa
Uno de los elementos novedosos es la forma de analizar la desigualdad, a través de regiones y estratos de edad.

Adolece de una visión poco crítica sobre los programas actuales de SEDESOL.

Propone continuar con la universalización del Seguro Popular, sin especificar un incremento en la infraestructura necesaria para ello.

La política de combate a la pobreza y su continuación dependen de la mayor obtención de recursos financieros; es por eso que la viabilidad de sus propuestas está muy limitada por las restricciones presupuestales del Estado mexicano actual.

Roberto Madrazo Pintado
Se resaltó su preocupación de vincular la lucha contra la pobreza con la productividad, el empleo y los circuitos de mercado.

Considera la desigualdad como el mayor problema en el tema de la pobreza y enfatiza el carácter redistributivo de las políticas públicas. Ideológicamente su planteamiento es similar al de López Obrador, pero lo explica y desarrolla mejor.

Es positivo que reconozca la falta de participación social como un problema; sin embargo, le da una importancia exagerada y descalifica los programas actuales injustificadamente. Pasa por alto el hecho de que la participación civil en administraciones anteriores estaba contaminada de clientelismo político.

70

Evalúa y Decide. Evaluación de las propuestas de los candidatos a la Presidencia 2006

Andrés Manuel López Obrador

Hay un énfasis en política asistencial. Lo único que menciona sobre el aspecto productivo (microcréditos) no lo especifica. Hubo consenso en que sus planteamientos son predominantemente ideológicos.

Su única propuesta relevante es la pensión universal para los adultos mayores. La idea de universalidad no está basada en el criterio económico de no generar incentivos perversos, sino en una perspectiva de derechos.

3. Medio Ambiente

	FCH	RMP	AMLO	Escala de 0 a 4:
Diseño	2.7	2.6	1.1	4 = Muy bien
Viabilidad	2.3	2.2	1.2	3 = Bien
Implementación	2.3	1.9	1.1	2 = Regular 1 = Mal
Total	2.5	2.3	1.1	0 = Muy mal

Aspectos Generales

La opinión general de los evaluadores es que las propuestas tratan algunos problemas relacionados con el medio ambiente pero no elaboran diagnósticos sólidos.

Ninguno menciona la relación entre crecimiento y medio ambiente.

En los documentos originales se observa un cierto desdén hacia los instrumentos económicos para conservar el medio. Los tres candidatos orientan sus propuestas por el lado de la oferta (aumentar la inversión pública, crear más instalaciones), sin explorar mecanismos de precios para solventar el problema.

Los tratamientos del tema del agua son superficiales. Hay algunas menciones veladas de cobrar el agua a costos reales.

Omiten el problema del desperdicio de agua ocasionado por los precios relativos de bienes agrícolas. Una grave deficiencia de las tres propuestas es omitir una reflexión cuidadosa

sobre el hecho de que el mayor consumo y desperdicio de agua es de tipo agrícola.

Una coincidencia entre Madrazo y Calderón es que hablan del fortalecimiento de la Comisión Nacional del Agua (el primero llega a proponer transformarla en una secretaría).

3.1. Política Ambiental

	FCH	RMP	AMLO	Escala de 0 a 4:
Diseño	3.0	2.9	1.2	4 = Muy bien
Viabilidad	2.4	2.4	1.0	3 = Bien
Implementación	2.5	1.8	1.1	2 = Regular
				1 = Mal
Total	2.6	2.4	1.1	0 = Muy mal

Felipe Calderón Hinojosa

Su planteamiento inicial de continuismo mejoró durante el proceso, al desarrollar un planteamiento más integral. Presentó propuestas concretas como invertir en energías renovables y explorar mecanismos para reducir la contaminación, (ofrece evidencia de un amplio mercado de intercambio de emisiones). No obstante, omite señalar el elevado costo de invertir en energías renovables y descuida el aspecto de implementación.

La transversalidad de la política ambiental es uno de los rasgos más significativos de su propuesta, pero es necesario plantear una definición más profunda del problema y detallar la cooperación entre los distintos niveles de gobierno en la materia.

Es puntual al tratar la reducción de contaminantes atmosféricos de acuerdo al protocolo de Kyoto; identifica correctamente el problema de que la CFE y PEMEX producen el 40 % de los gases contaminantes.

Otro punto favorable es que vincula adecuadamente nociones de empleo, medio ambiente y productividad.

Es acertado su reconocimiento de problemas relevantes, como el impacto negativo del deterioro ambiental en la economía, el aumento de especies invasoras, la sobre-explotación pesquera y el pago de servicios ambientales con el objetivo de financiar la conservación de recursos ambientales, especialmente los forestales.

Roberto Madrazo Pintado

Su perspectiva se basa en regulación y se concentra en la modificación de leyes. Es positivo que su plataforma electoral incluya algunos incentivos económicos de conservación.

Es positivo que considere el Protocolo de Kyoto (si bien se limita a proponer el fortalecimiento de las comisiones reguladoras, en particular de la CONAE).

Faltan observaciones sobre cómo implementar sus propuestas, qué recursos se requieren y cuáles son los actores involucrados.

Andrés Manuel López Obrador

Su perspectiva es de dirigismo e intervención directa. Menciona lineamientos de comando y control. No considera instrumentos económicos.

Sus propuestas únicamente mencionan algunos problemas relacionados con el medio ambiente, sin incluir un diagnóstico general o eje rector que dé congruencia a los planteamientos.

Considera proyectos concretos (sembrar, construir parques) pero no hay una política ambiental.

3.2. Medio Natural

	FCH	RMP	AMLO	Escala de 0 a 4:
Diseño	2.8	2.8	1.0	4 = Muy bien
Viabilidad	2.2	2.2	1.2	3 = Bien
Implementación	2.4	2.1	1.2	2 = Regular 1 = Mal
Total	2.5	2.4	1.1	0 = Muy mal

Felipe Calderón Hinojosa

Su diagnóstico mejoró al presentar de un modo más integral cuestiones como el cambio climático, causas primarias de la contaminación, problemas provocados por el transporte público y otras tecnologías, manejo de residuos sólidos y control de emisiones de CO_2.

Su propuesta sobre el agua toma en cuenta las diferentes cuencas de nuestro país; promueve el uso eficiente del agua en agricultura y reconoce los ecosistemas como usuarios del agua. Por desgracia, este enfoque ecosistémico no se observa en otras cuestiones.

Sugiere la gestión integrada de la zona costera. Aunque únicamente lo menciona, es un avance en cuanto a concesiones pesqueras y descargas de aguas en el mar.

Las referencias a la necesidad de reforestar y apoyar una industria forestal sustentable son vagas. Si bien menciona que se debe incluir en el esfuerzo a la celulosa y al papel, la producción de semilla forestal mejorada es riesgosa para la biodiversidad (debido a los potenciales efectos de variaciones genéticas).

Roberto Madrazo Pintado

Como uno de sus tres ejes de política ambiental, incorporó a su propuesta el concepto de transversalidad en el desarrollo sustentable; los evaluadores reconocieron esta mejora.

Los comentarios fueron casi los mismos que los de Política Ambiental.

Andrés Manuel López Obrador
Los comentarios fueron casi los mismos que los de Política Ambiental.

3.3. Conservación y Medio Ambiente Construido

	FCH	RMP	AMLO	Escala de 0 a 4:
Diseño	2.4	2.2	1.2	4 = Muy bien
Viabilidad	2.3	2.0	1.4	3 = Bien
Implementación	2.0	1.8	1.1	2 = Regular 1 = Mal
Total	2.3	2.0	1.2	0 = Muy mal

Felipe Calderón Hinojosa
Presentó mejoras a algunas de sus propuestas, como la de investigación aplicada a las energías renovables. Menciona apoyos económicos para dueños de
bosques y la protección de áreas turísticas como aspectos centrales de la política
de conservación.

Destaca su referencia al Sistema de Acreditación de Capacidades Técnicas
para el análisis del impacto ambiental, instrumento fundamental para mejorar
la calidad de las evaluaciones.

Siguen faltando temas como especies invasoras y desertificación (ausentes en
todos los candidatos), aunque da un primer paso en el enfoque ecosistémico.

La viabilidad es baja porque, como los demás candidatos, no incluye consideraciones presupuestales. Lo mismo sucede con la implementación, ya que las
propuestas no mencionan instrumentos.

Roberto Madrazo Pintado
Es muy positivo el énfasis en la necesidad de combatir la tala ilegal; propone
implantar una "huella" ecológica para rastrear la madera y controlar su distribución. Los comentarios fueron casi los mismos que los de Política Ambiental.

Andrés Manuel López Obrador
Los comentarios fueron casi los mismos que los de Política Ambiental.

4. Salud

	FCH	RMP	AMLO	Escala de 0 a 4:
Diseño	2.9	2.1	1.1	4 = Muy bien
Viabilidad	2.1	2.1	1.2	3 = Bien
Implementación	2.4	2.2	1.2	2 = Regular 1 = Mal
Total	2.5	2.1	1.2	0 = Muy mal

Felipe Calderón Hinojosa
Ofrece conservar la trayectoria del seguro popular hasta 2010, cuando llegaría a cubrir todos sus servicios. Sin embargo, basarse en el seguro popular tiene sus inconvenientes. Por ejemplo, al atender al sector informal de la economía, se le promueve. Otra debilidad es no mencionar cómo se financiará el aumento en la cobertura.

Muestra un entendimiento satisfactorio de la baja cobertura, la calidad y el problema de rendición de cuentas.

Es preocupante la ausencia de consideraciones sobre el financiamiento del sector salud. Si bien algunos proyectos ya tienen una inercia presupuestal, esto no justifica ignorar este aspecto, ya que pueden generarse mayores problemas con el tiempo.

Aportó nuevo material, a diferencia de los otros candidatos. La propuesta es mucho más completa, desde el diagnóstico del problema, hasta la identificación de programas necesarios para corregirlo.

Roberto Madrazo Pintado
Su mejor punto en cuanto a diseño y viabilidad es el énfasis en el saneamiento financiero de las instituciones del sector. Sus propuestas requieren mayor precisión.

Plantea pocas ideas concretas. Hace ofrecimientos irreales (medicinas y servicios a toda la población).

Critica el seguro popular por restringido, sin considerar los límites financieros; afirma que tal programa está condicionado a una cuota familiar muy alta, lo cual no es cierto.

Andrés Manuel López Obrador
Es acertado que maneje elementos de información asimétrica: los usuarios no tienen la misma información que los prestadores de servicios, por lo que no se genera una mayor competencia.

Critica al seguro popular, pero su propuesta tiene la misma intención (cobertura universal), y a un costo más alto. No aclara cómo transitar de la situación actual a su esquema ni cómo generar los recursos necesarios.

El servicio único del IMSS es una propuesta poco flexible. Además, significa una bomba de tiempo porque proporcionar todos los servicios a toda la población implica un costo muy elevado, que eventualmente no se podría solventar.

5. Pueblos y Comunidades Indígenas

	FCH	RMP	AMLO	Escala de 0 a 4:
Diseño	NP	NP	NP	4 = Muy bien
Viabilidad	NP	NP	NP	3 = Bien
Implementación	NP	NP	NP	2 = Regular 1 = Mal
Total	1.6	1.8	1.4	0 = Muy mal

Aspectos Generales

El tratamiento de cada candidato es muy distinto. El término comunidades es diferente al de pueblos (que usa López Obrador) y ambos se distinguen de la población de habla indígena. Algunos panelistas consideraron que este último, que emplea Madrazo frecuentemente, muestra una mejor identificación tanto del sujeto como del problema porque hoy en día la mayoría de la población indígena reside en zonas urbanas.

Hay un exceso de enunciados genéricos que no plantean adecuadamente el contexto de un país con múltiples culturas. Es preocupante que los candidatos eludan ir al fondo del tema (no hay un verdadero diagnóstico de qué es lo que hace a los indígenas diferentes).

Felipe Calderón Hinojosa

Se señaló que, en general, trata a los indígenas como grupos rurales pobres, sin emplear un enfoque más histórico y cultural. Menciona el respeto a la cultura y formas de convivencia indígenas pero no aclara su posición.

Una de sus premisas centrales es que la función básica del Estado es dotarlos de información para competir en el mercado (que los evaluadores criticaron porque deja de lado el problema de la poca observancia de sus derechos). Hubo acuerdo en la propuesta de mejorar la infraestructura, pero se le consideró demasiado general.

Habla de impulsar los derechos de las mujeres indígenas por medio del seguro popular respetando los usos y costumbres. Estos objetivos pueden ser incompatibles, pues los derechos humanos no admiten excepciones locales.

Roberto Madrazo Pintado

Su posición es un poco mejor que la de Calderón, más realista y viable. Plantea más claramente cómo promover la integración de los indígenas al proyecto nacional con planes de negocio, por ejemplo. Se consideró acertada su visión sobre la prioridad del enfoque redistributivo en las políticas públicas.

Se criticó que se concentra demasiado en el diagnóstico sin comprometerse con medidas concretas (plantea revisar, dar más voz o hacer cambios culturales, sin especificarlos).

Andrés Manuel López Obrador

La propuesta de López Obrador, tal vez la más compleja de las tres, enfatiza el derecho de las comunidades de mantener una identidad cultural y formas de organización propias. Para conseguirlo plantea con firmeza cumplir con los acuerdos de San Andrés Larráinzar, lo que requiere modificaciones a la Constitución de dudosa viabilidad.

Sus planteamientos se dirigen a enriquecer la participación social y política de los indígenas. Sin embargo, no precisa cómo conseguir esos objetivos, ni reconoce objeciones importantes.

La autonomía de las comunidades indígenas puede retrasar avances en el respeto a los derechos individuales (de las mujeres en especial) y en el ejercicio democrático de la autoridad (transparencia de las policías locales). Por otra parte, el rechazo a los mercados como mecanismo de desarrollo para estos grupos ignora las limitaciones de activos que les impiden acceder a oportunidades productivas.

6. Equidad de Género

	FCH	RMP	AMLO	Escala de 0 a 4:
Diseño	NP	NP	NP	4 = Muy bien
Viabilidad	NP	NP	NP	3 = Bien
Implementación	NP	NP	NP	2 = Regular / 1 = Mal
Total	1.2	1.0	1.0	0 = Muy mal

Aspectos Generales

Este tema incluye necesariamente al de salud reproductiva y las controversias sobre el aborto. Se trata de aspectos definitorios y transversales que permean el resto de las áreas. Algunos panelistas consideraron que por eso su posición personal al respecto (subjetiva en buena medida) determinaría inevitablemente su evaluación del tema. Otros, en cambio, pensaron que es posible una valoración razonable y objetiva basada en normas jurídicas y en las consecuencias sociales de aplicar una política, independientemente de los fundamentos o inspiración que tenga. Para la valoración de las propuestas se decidió adoptar la segunda posición, reconociendo que en equidad de género hay espacios para avanzar sin poner en el centro de las consideraciones la discusión sobre el respeto a la vida desde el momento de la concepción.

La posición más clara al respecto es la de Madrazo, quien afirma simplemente su disposición de apegarse a la ley. Calderón promete promover la salud y la libertad sexuales, pero en la plataforma de su partido establece el respeto a la vida desde la concepción (en un documento posterior omite el punto).

Algunos panelistas señalaron la incongruencia de hablar sobre derechos sexuales y reproductivos sin incluir el tema de las decisiones de las mujeres sobre su cuerpo.

Andrés Manuel López Obrador no menciona el tema de los derechos sexuales y reproductivos. Se criticó esta ausencia porque implica falta de consistencia ideológica y porque evita comprometerse con una política importante para la equidad de género.

Los candidatos entienden de modo distinto el concepto de equidad de género, pero se asemejan en su carencia de una visión integral y transversal (aunque Calderón emplea este término, no lo aplica a cabalidad). Se destacaron algunas propuestas que, implícitamente, tratan a las mujeres como grupo vulnerable, lo que constituye un error conceptual.

Los evaluadores subrayaron que las tres propuestas tratan insuficientemente el problema más grave: el de la violencia contra las mujeres, que ubican bajo el rubro de violencia intrafamiliar (lo que no incluye necesariamente la violencia que sufren las mujeres por el hecho de serlo). No se presenta una política consistente que vincule los derechos de las mujeres con la violencia (cómo ésta limita el desarrollo de las capacidades y libertades de las mujeres).

El contenido de la mayoría de las propuestas refleja las convenciones y tratados internacionales firmados y ratificados México en materia de equidad de género y derechos de las mujeres; lo que falta son explicaciones de cómo se llevarán a la práctica.

La mayoría de las propuestas implica la continuación de lo que actualmente realizan las instituciones, junto con algunas novedades valiosas. Los avances en materia de derechos sexuales y reproductivos (sobre todo en anticoncepción, especialmente la inclusión de la píldora de emergencia en la oferta institucional) no deben desestimarse.

No se diferencian los planteamientos que competen al Ejecutivo de los que competen al Legislativo.

Debe señalarse que la viabilidad de las tres propuestas es incierta, ya que prescinden de consideraciones cuidadosas acerca de la fuente de los recursos que requieren.

Felipe Calderón Hinojosa
Presenta el mayor número de propuestas concretas. Por ejemplo, es el único en fijar el objetivo expreso de llegar al mayor número de mujeres en puestos públicos en la historia de México.

Su diagnóstico sobre la condición social de las mujeres es un poco más cuidadoso que el de los otros dos candidatos. Hace un recuento más sistemático de lo que se está haciendo actualmente.

Aportó revisiones a su material original, lo que muestra interés en el tema.

Roberto Madrazo Pintado
Establece ciertos objetivos por tema –violencia, empleo, ingresos, salud, educación y participación de las mujeres en el desarrollo– pero su planteamiento se consideró difuso.

Se observó que evita reconocer las políticas actuales, lo que lo conduce a proponer acciones que ya se llevan a cabo. En algunos casos, sus propuestas son extremadamente puntuales sin justificación ni vínculo con un problema (por ejemplo, plantea que las estadísticas se dividan por sexo, pero sin vincular dicha medida con mejoras en la formulación, ejecución y evaluación de programas, ni con la elaboración de presupuestos sensibles a las inequidades de género).

Andrés Manuel López Obrador
Abunda en ofertas de luchar por cambios sin explicar bien los problemas, ni comprometerse. Sus propuestas parecen inconexas, sin una idea general que las sustente.

Menciona presupuestos con enfoque de género, pero esto parece reducirse a determinar partidas presupuestales relacionadas con "las mujeres".

A pesar de que en actos de campaña ha tratado la paridad de género en el gabinete, no la incluye en sus propuestas escritas.

7. Grupos Vulnerables

	FCH	RMP	AMLO	Escala de 0 a 4:
Diseño	NP	NP	NP	4 = Muy bien
Viabilidad	NP	NP	NP	3 = Bien
Implementación	NP	NP	NP	2 = Regular
				1 = Mal
Total	1.6	1.8	1.0	0 = Muy mal

Aspectos Generales
Se advierten tratamientos superficiales y ausencias importantes en las propuestas.

Los candidatos no distinguen el problema de los adolescentes vulnerados. Se trata de un aspecto importantísimo que se deja como una cuestión de niños. La carencia de una noción completa del tema de la adolescencia lleva a desconocer objetivos ya establecidos por UNICEF. Deben considerarse aspectos como embarazos no deseados, salud mental, obesidad, anorexia y de modo muy importante, temas difíciles como la justicia juvenil y la reintegración social.

Los tres candidatos adolecen de una concepción paternalista de los adultos mayores, asumiendo que todos requieren atención especial por ser vulnerados. Hay una coincidencia en el instrumento de las pensiones alimenticias; López Obrador lo incluye más extensamente, pero no enfrenta la complejidad del tema ni los requerimientos de una política más integral. La atención que recibe este tema se reduce entonces a un subsidio al consumo, dejando de lado la transición demográfica y sus consecuencias.

Sobre las personas con discapacidad, se platean propósitos incuestionables sin profundizar en ellos. Se presentan recuentos de acciones orientadas a la reintegración, como la educación especial, pero no se toca el tema del derecho a la vida activa, ni se establece que la protección, en la mayoría de los casos, debe de ser por toda la vida.

Las tres visiones sobre los derechos de los niños son muy limitadas. No tratan, por ejemplo, la edad penal, que se ha ido reduciendo.

Felipe Calderón Hinojosa
Es el único de los candidatos que toca el tema del trabajo infantil.

Su diseño mejora al distinguir diferentes tipos de problemas de los adultos mayores (como el del empleo), y al proponer algunas medidas acertadas como facilidades en el transporte público.

Roberto Madrazo Pintado
La bondad de su diseño es considerar más a fondo que los demás candidatos el marco institucional para la instrumentación de su propuesta.

Andrés Manuel López Obrador
Es el candidato que presenta menos material sobre el gran tema de grupos vulnerables, pero se concentra en el rubro de adultos mayores –en el que se extiende más que Calderón y Madrazo.

Se le criticó concentrarse excesivamente en la pensión alimenticia, sin explicar claramente la finalidad de dicho instrumento ni tomar en cuenta la dinámica poblacional y sus consecuencias en el presupuesto.

IV. PROPUESTAS DE CAMPAÑA COINCIDENTES:
Puntos de acuerdo relevantes entre las fuerzas políticas

1. Introducción

"Se busca determinar las propuestas coincidentes que para el grupo de expertos deben tener precedencia a los ojos de las autoridades".

ESTE EJERCICIO ES UN DESARROLLO NATURAL del proyecto *Evalúa y Decide*, cuyo propósito fue evaluar las propuestas de los tres principales candidatos a la Presidencia en las pasadas elecciones. En esta ocasión, el objetivo del CEEY es identificar las prioridades para el país de entre las propuestas en que al menos dos contendientes mostraron similitudes considerables. A partir de este trabajo se buscará que las autoridades y fuerzas políticas lleguen a acuerdos en el Congreso de la Unión y el Senado de la República.

El CEEY identificó varias ofertas específicas en las que dos o tres candidatos coincidieron en sus campañas y las presentó a los diferentes comités temáticos de evaluadores para que las jerarquizaran según su importancia y verificaran su grado de coincidencia. A diferencia del proyecto *Evalúa y Decide*, en el que se calificaron diversos atributos de cada propuesta (o grupo de propuestas según el caso), en este ejercicio lo que se busca es determinar las propuestas coincidentes que para el grupo de expertos deben tener precedencia a los ojos de las autoridades.

Las áreas temáticas de que se ocuparon los comités correspondientes son las mismas de nuestro proyecto anterior: Estado de Derecho, Política, Internacional, Economía y Social. Antes de las sesiones de discusión, los evaluadores recibieron un documento con dos secciones. La primera fue una selección preliminar del CEEY (debido a la restricción de tiempo, pareció adecuado concentrar la atención de los expertos), en tanto que la segunda constituye casi un censo de las coincidencias, de modo que si un evaluador deseaba revisar más material o recordaba algunos temas cuya omisión le parecía inadecuada, podía estudiarlos y solicitar que el comité los discutiera. En esta sección se añaden las fuentes textuales de donde se obtuvo cada propuesta. Toda esta información está disponible en www.ceey.org.

El proyecto de *Propuestas Coincidentes* es, naturalmente, un ejercicio cualitativo al que los panelistas aportaron su apreciación general. Se quiso agregar no consideraciones sobre atributos, sino las prioridades de cada evaluador. Se dio un lugar importante a la deliberación conjunta en la revisión de una selección inicial de los panelistas.

Como parte de su política general, el CEEY aplicó en las reuniones la llamada "Regla de Chatham House" con el fin de promover el intercambio de ideas. Según este criterio, los participantes pueden usar la información que reciben pero se comprometen a no divulgar ni la identidad ni la afiliación de quienes tomen la palabra. Se llevó un registro de los argumentos y comentarios, pero no de quién dijo qué. No se grabaron las sesiones.

2. Evaluaciones

Evaluación de las coincidencias entre los candidatos
ÁREA ESTADO DE DERECHO

Comentario general

No hay forma de resolver en seis años los graves y complejos problemas de seguridad pública y justicia penal en México. La única manera de hacer frente a estos problemas es a través de políticas transexenales. En este sentido, resulta de particular relevancia encontrar algunas coincidencias entre los tres partidos políticos más importantes, que permitan ir construyendo, poco a poco, una agenda común de largo plazo en materia de seguridad pública y justicia penal.

El presente documento tiene como principal propósito encontrar esas coincidencias y, a la vez, alertar sobre algunos desafíos importantes que conlleva ejecutar tales políticas. En el apartado final solamente destacaremos aquello que está ausente en el debate en esta materia y que sería deseable que las fuerzas políticas del país comenzaran a definir esos temas.

Coincidencias importantes sobre este tema:

1. Juicios orales
Grado de coincidencia: 75%

La coincidencia más importante entre los tres partidos políticos está en que todos reconocen que se requiere un rediseño del sistema de justicia penal, que permita establecer nuevos equilibrios y roles entre los actores del proceso judicial: Ministerio Público (MP), juez y defensa. Es decir, la discusión sobre la reforma a la justicia penal ya abandonó el viejo paradigma según el cual bastaba con modificar unas cuantas normas de los códigos de procedimientos penales para resolver las grandes deficiencias del sistema de justicia. Hoy todas las fuerzas políticas coinciden en que la reforma penal debe ser una reforma que afecte la estructura y los cimientos del sistema.

En este contexto, las tres fuerzas políticas coinciden en que el nuevo sistema de justicia penal debe contar con al menos los siguientes ingredientes:
- Una audiencia pública y oral con el juez y las partes presentes
- Un juez con mayor autoridad para arbitrar la batalla entre las partes
- Una defensa pública de mayor calidad
- Un Ministerio Público que tenga que elevar la calidad de sus pruebas y sus argumentos.
- Mayor oportunidad a la víctima para presentar pruebas y hacer valer sus derechos.

"La coincidencia más importante entre los tres partidos políticos está en que todos reconocen que se requiere un rediseño del sistema de justicia penal".

La forma en que estos objetivos se alcanzarían cambia de una plataforma política a otra. Sin embargo, hay elementos en todas ellas que deben ser rescatados para la discusión. Entre ellos nos gustaría resaltar los siguientes:

- López Obrador ha puesto sobre la agenda en la materia un punto de extrema importancia: ¿qué hacer con el monoplio de la acción penal en manos del MP? Para la Coalición por el Bien de Todos esta es una cuestión clave para resolver algunos de los más graves problemas que padecen las víctimas. Por eso proponen darle opción a la víctima de acudir por sí sola al juez para acusar al presunto responsable de la comisión del delito en cuestión. Nosotros creemos que esta es una propuesta muy valiosa y que valdría la pena que las otras fuerzas políticas la discutieran ampliamente.

- Felipe Calderón puso sobre la mesa otro tema central: el control real del juez sobre las pruebas del juicio. Ello significa limitar o anular el valor probatorio que tienen las actuaciones del Ministerio Público en la fase de investigación. Se trata de un elemento clave para elevar la calidad del juicio penal y para eliminar algunos de los abusos y arbitrariedades que padece el acusado durante la fase de detención. Nos parece fundamental, por tanto, que en el debate público se retome la discusión de esta propuesta.

- Madrazo colocó en la agenda un tema muy olvidado: la defensoría pública. Según la Alianza por México hay que dotar a la defensoría pública de autonomía y presupuesto propio. Nosotros creemos que es muy importante rescatar esta propuesta y discutirla ampliamente. No podrá existir una mejor justicia penal si no se garantiza una defensa adecuada a quien no cuenta con recursos para pagar un abogado. En México, 70% de los acusados está en esa situación. El problema de la defensa, por tanto, es un problema que impacta a la inmensa mayoría de los juicios penales.

Recomendaciones:

- La viabilidad de un sistema de juicios orales exige que se establezcan soluciones alternativas a los conflictos: mediación, perdón, conciliación, etc. Sin estas salidas adicionales, el sistema se congestionaría a tal punto que no podría funcionar.

- La implementación de un sistema de juicios orales toma tiempo. Es importante, por tanto, establecer un programa de largo plazo para lograr una implementación adecuada de una reforma tan ambiciosa. La revisión del caso chileno puede ser de suma utilidad.

2. Código único de penas y penas alternativas
Grado de coincidencia: 60%

Una de las ventajas de establecer un código unificado de penas es que reduciría la discrecionalidad en la asignación de penas en los estados. Se trata, no obstante, de una propuesta que tiene importantes desafíos para llevarse a cabo. Dado que cada entidad federativa tiene su propio código, se podría considerar la opción de establecer algunos criterios generales para una tipología penal en la Constitución, con el fin de obligar a los estados a modificar sus códigos penales de acuerdo con los estándares o parámetros constitucionales.

Existe una vinculación importante entre un código único de delitos y el establecimiento de penas alternativas a la prisión. El sistema actual permite que personas que cometieron delitos no graves permanezcan en prisión preventiva por no tener dinero para pagar la fianza. Ello, además de ser profundamente injusto, tiene costos sociales importantes pues aumenta el riesgo de que delincuentes menores se conviertan, a través del proceso de socialización de las cárceles, en delincuentes profesionales.

Las penas alternativas a la prisión disminuirían estos efectos negativos de la ausencia de un sistema adecuado de prisión preventiva.

3. Mayores facultades a la Comisión Nacional de Derechos Humanos
Grado de coincidencia: 75%

A pesar de que los candidatos no especifican las facultades que le atribuirían a la CNDH, la coincidencia en este tema nos habla sobre la importancia que en el debate público empiezan a tener los derechos humanos. Es importante que este tema se convierta en una preocupación transversal del quehacer público en México, y no sólo un aspecto particular más dentro de la amplia agenda de problemas.

Los evaluadores consideran deseable que la CNDH pudiera iniciar, cuando los funcionarios no cumplan con sus recomendaciones, procedimientos administrativos ante los órganos competentes (la Secretaría de la Función Pública, las contralorías de cada dependencia, etc.) en contra de los responsables o de las entidades y dependencias a las que están adscritos.

4. Agenda pendiente

Sería muy conveniente que las fuerzas políticas del país pudieran comenzar a discutir una política criminal bien estructurada y coherente. Para ello, se requiere un diagnóstico suficientemente complejo que explique las diversas causas de la inseguridad, el delito y la violencia, y permita una planeación adecuada. A partir de la experiencia internacional, deben considerarse aspectos como las zonas y grupos más afectados y la oferta pública y privada con la que se cuenta para enfrentar el problema. La gestión adecuada del problema implica establecer claramente objetivos, estrategias, acciones, responsables, plazos e indicadores para evaluar y realizar adecuaciones. Una política criminal explícita y bien estructurada es requisito indispensable para establecer un plan congruente en la materia. Esperemos que los partidos políticos puedan hacerse cargo del reto de acordar una política criminal coherente y de largo plazo.

Evaluación de las coincidencias entre los candidatos
ÁREA POLÍTICA

1. Reelección
Reelección de los legisladores y Reelección de presidentes municipales

La reelección de legisladores y presidentes municipales produciría cambios considerables en nuestro sistema político, no todos son previsibles. Por lo tanto, habrá que estar preparados para ajustar los elementos necesarios conforme se avance en este proceso.

El beneficio más claro de la reelección es el control al que se somete a los representantes populares por medio de la fiscalización de su desempeño que realizan los otros aspirantes al cargo. No obstante, debe notarse que sin medidas específicas de rendición de cuentas, la reelección puede resultar ineficaz para producir una gestión eficiente y honesta, e incluso puede llevar a vicios aún peores.

Una consideración importante es que en la circunstancia política actual parece natural instrumentar primero la reelección de legisladores porque ha estado más tiempo en la discusión pública; sin embargo, puede resultar más fácil implementar la reelección de presidentes municipales porque el PRI, teniendo la mayoría de estos puestos, puede anticipar conservarlos (en cambio, si se aprobara la reelección de legisladores, el PRI podría permanecer en su tercer lugar federal). El tipo de reelección que se aplique primero depende, además, de los intereses de los partidos y de la decisión de otorgar a los legisladores que aprueben la reforma la facultad de reelegirse ellos mismos.

Otro punto a considerar es la proporción de representantes que lograrían reelegirse (en algunos países la institución existe pero de hecho no se observan altos niveles de reelección). Se tiene que considerar que aplicar la reelección en México daría pie a nuevas circunstancias a las que nos deberemos adaptar con otras innovaciones. Es decir, la reelección de presidentes municipales y legisladores no es la panacea en sí misma.

2. Transparencia y rendición de cuentas
Manejo de los recursos públicos y Acceso a la información

Las coincidencias en manejo adecuado de los recursos públicos y acceso a la información son también muy importantes. Es fundamental crear las condiciones necesarias para que la rendición de cuentas de funcionarios públicos y representantes populares (de todos los ámbitos de gobierno) funcione de forma regular. En cuanto la función legislativa, es vital mejorar su transparencia (sobre los procedimientos de las comisiones, por ejemplo) para mejorar la legitimidad del Poder Legislativo.

La transparencia y la rendición de cuentas son temas que han recibido mucha atención en los últimos años, pero los avances se restringen en buena medida al ámbito federal. Se aplican procesos y métodos heterogéneos en las entidades, y por ello su vigencia real es también variada. Un problema grave es que, debido a ciertas lagunas legales (no se esclarece si los recursos que transfiere la Federación se convierten en ingresos propios de los estados) los gobernadores no están obligados en realidad a justificar gran parte de sus gastos. Es de notarse que los candidatos del PRI, PAN y PRD no ofrecen reflexiones sobre el origen y manejo de los recursos (quizá para no parecer antifederalistas), y se concentran en temas de asignación del gasto.

3. Colaboración entre Ejecutivo y Legislativo y mejorar la comunicación dentro del propio gobierno
Coaliciones legislativas, Cabildeo, y Coordinación entre los tres órdenes de gobierno

Los evaluadores señalaron que si bien los candidatos identifican en este un tema muy relevante, una deficiencia de las propuestas respectivas es omitir señalamientos de cómo llevar a cabo las que parecen metas inobjetables; cabe la posibilidad de que en realidad las coincidencias sean sólo aparentes, insuficientes para motivar acciones conjuntas.

Un elemento que da viabilidad a las coincidencias sobre coaliciones legislativas es la dificultad de identificar actores –partidos en especial– que resulten perjudicados en caso de implementarse. Una reforma de la Ley Orgánica del Congreso no sería extremadamente costosa; además, junto con la reelección de legisladores y reformas sobre cabildeo, sería de gran beneficio.

4. Gasto de los partidos políticos
Reestructurar el gasto de los partido políticos

Las propuestas sobre la reducción del gasto de los partidos políticos son importantes, no solo porque permitirían ahorros, sino también por la necesidad urgente de mejorar la rendición de cuentas de estas instituciones, ya que los intentos de fiscalización del IFE han sido burlados muchas veces. Los panelistas señalaron que reducir el financiamiento de los partidos políticos podría ser más difícil que fiscalizarlos mejor. Se sugirió establecer algún tipo de candado que reduzca progresivamente su presupuesto en términos reales, haciéndolos buscar otras fuentes de recursos. Debe notarse que se tienen expectativas excesivas sobre el ahorro que producirá una reducción del financiamiento de los partidos (el efecto de los recursos, si se les orienta a otros destinos, no será determinante). No obstante, se trata de una cuestión de gran importancia porque los partidos, actualmente definidos como organizaciones de interés público, ofrecen poca transparencia en el manejo de sus dineros.

5. Calendarios electorales
Homogeneizar los calendarios electorales

Una reforma de esta índole ofrece altos beneficios y supone bajos costos (la opción más viable sería establecer una sola fecha por año, no una cada tres años). El propósito es reducir el gasto en campañas y organización de las elecciones, así como limitar los esfuerzos de representantes populares y funcionarios para establecer relaciones políticas, disminuyendo así rezagos y tiempos de organización.

Evaluación final de las coincidencias entre los candidatos
ÁREA INTERNACIONAL

1. Relaciones con Estados Unidos
Alianza y cooperación con los Estados Unidos, Narcotráfico y crimen organizado, Regulación de la situación migratoria de mexicanos, y Ampliar las actividades del Banco de América del Norte
Grado de coincidencia: 55%

El tema principal de las relaciones exteriores de nuestro país es la relación con Estados Unidos. Se trata del gran tema sombrilla que sirve para consolidar la posición de México en el mundo.

Si bien es importante facilitar el comercio a partir de los avances con el TLCAN, debe tenerse en cuenta que para EU el aspecto fundamental es la seguridad (narcotráfico y crimen organizado); los logros en otros aspectos de la relación estarán en buena medida condicionados a los entendimientos que se consigan en estos temas. Es importante responder a las preocupaciones de seguridad de los EU teniendo en mente que puede servir para acelerar y profundizar el proceso de integración económico no sólo con los EU sino también con Canadá, país que sí está respondiendo a dichas preocupaciones.

En el rubro de migración, si bien debe buscarse ampliar los acuerdos de trabajadores temporales, hay que reconocer que difícilmente se conseguirá un acuerdo que incluya los puntos de mayor importancia para México porque es un problema interno (soberano) de ambos países. En EU, su tratamiento y definición depende de múltiples intereses locales antes que de los esfuerzos diplomáticos de México. Por otra parte, la migración es un tema de política interna también para nosotros en la medida en que se produce aquí y debemos procurar resolverlo aquí (sin que esto limite en absoluto la protección consular de nuestros connacionales).

Finalmente, es conveniente reforzar las actividades del Banco de América del Norte para que dicha institución se convierta en un factor más decisivo en la definición de proyectos de inversión que ayuden a solucionar los problemas de contaminación ambiental de la frontera entre México y los Estados Unidos.

2. Regiones prioritarias

Relación con otros países de América Latina y el Caribe, Consolidar los acuerdos con la Unión Europea, e Impulsar la relación con China e India
Grado de coincidencia: 65%

El primer lugar en este gran tema debe ser el de afianzar los acuerdos con América Latina y el Caribe. En particular tiene que considerarse la subregión de Centroamérica y los rubros de seguridad y narcotráfico en nuestra frontera sur; asimismo, debe estudiarse la consolidación del Plan Puebla-Panamá. Otro punto importante es el de fomentar los vínculos con el MERCOSUR (Brasil en especial).

En cuanto a Europa, la segunda región prioritaria, los temas relevantes son comercio e inversión, junto con cooperación política y científica y tecnológica, tanto con la Unión Europea como con la Asociación Europea de Libre Comercio.

La tercera región la componen China e India, países con los que hay que enfatizar nuestras relaciones bilaterales y multilaterales (el G20 en el aspecto comercial y el G5 en el financiero). Con China, específicamente, los esfuerzos en comercio deben ir más allá de la defensa del mercado nacional para incluir aspectos como el acceso al mercado de EU (se tiene que buscar un entendimiento de hasta dónde competimos y hasta dónde colaboramos, con la intención de reducir el dumping).

China no ha recibido la suficiente atención de los gobiernos mexicanos; se trata, no obstante, de un factor económico y político insoslayable en el mundo actual. La India puede conseguir una influencia similar en poco tiempo, por lo que México debe enfrentar los retos que representa de manera decidida.

3. Foros Internacionales

Relaciones multilaterales, Participación con la ONU
Grado de coincidencia: 55%

Las relaciones multilaterales constituyen otro tema relevante que engloba al menos dos rubros. Por una parte, debemos reforzar nuestros vínculos financieros y comerciales dando prioridad a la actividad en la Organización Mundial de Comercio y el Fondo Monetario Internacional. Por otra, hay que consolidar nuestro papel en la ONU y en organismos políticos regionales. Con respecto a la primera, debemos seguir activos en la reforma de la ONU para asegurar la ampliación del Consejo con lugares rotativos y no permanentes, promover la consecución de los objetivos de desarrollo del milenio y evaluar la conveniencia de participar en el Consejo de Seguridad (a partir de un examen de nuestra experiencia).

4. Servicio Exterior
Servicio Exterior Mexicano
Grado de coincidencia: 60%

Para algunos evaluadores, el Servicio Exterior no es propiamente parte de la agenda internacional, sino un tema de la SRE. No obstante, todos los panelistas coinciden en señalar la importancia de contar con un cuerpo preparado y eficaz para llevar a cabo las tareas de representación diplomática del país.

Evaluación de las coincidencias entre los candidatos
SESIÓN DEL ÁREA ECONOMÍA

1. Política de gasto social
Grado de coincidencia: 100 %

Aumentar el gasto social y hacer más eficiente y transparente su ejercicio. Entre los principales aspectos de este tema están la transparencia y la evaluación del gasto para lograr que lo recaudado sea de mayor beneficio para la población.

Coincidencias importantes sobre este tema:
* Evaluación sistemática de los resultados de los programas de gobierno.
* Transparencia y rendición de cuentas en el ejercicio y destino del gasto público.
* Transparencia en la transferencia de recursos federales para asegurar que los estados y municipios rindan cuentas sobre ellos.

Otros temas relacionados con las finanzas públicas y no sólo con el gasto social son:
* Eliminar la doble contabilidad en los balances públicos para tener mayor claridad en el gasto y la deuda total del gobierno.
* Reforma profunda en el sistema de pensiones de trabajadores de gobierno para que se tenga solvencia financiera en el largo plazo.
* Promover e impulsar más aportaciones voluntarias de los trabajadores para garantizar los beneficios al final de su etapa laboral.

2. Infraestructura y desarrollo regional
Grado de coincidencia: 90%

Debe considerarse que sin infraestructura adecuada ninguna política de desarrollo regional dará resultado. Las carencias en materia de carreteras en México ilustran el problema (desde la baja cobertura en el sur-sureste hasta la baja rentabilidad social de la red establecida).

Coincidencias importantes sobre este tema:
- Ampliar y consolidar un sistema de carreteras en donde más falta hacen.
- Mejorar el sistema aeroportuario y ampliar su capacidad.
- Promover la inversión en la red ferroviaria para detonar relaciones productivas y turismo en el país.
- Explotar la capacidad productiva de los puertos invirtiendo en ellos y aumentando su competitividad para beneficio de las comunidades costeras.
- Fomentar la construcción de instalaciones multimodales en transporte para crear cadenas productivas más competitivas y se incentive la inversión.
- Aprovechar la cercanía entre los océanos que hay en el Istmo de Tehuantepec para incrementar el comercio invirtiendo en infraestructura en la zona.
- Aumentar los recursos de la banca de desarrollo con el objetivo de canalizarlos hacia créditos para el desarrollo de actividades productivas en las regiones que no son atendidas por los intermediarios privados.
- Distribuir y reorganizar la realización de las políticas públicas para mejorar su efectividad en el desarrollo regional.
- Crear planes y políticas que detecten y aprovechen la vocación productiva y ventajas de cada región del país.
- Invertir en infraestructura rural de agua y almacenaje de granos para mejorar las condiciones económicas del campo.

3. Simplificación tributaria y simplificación de la administración pública
Grado de coincidencia: 100 %

Debe tomarse en cuenta que las reservas de petróleo –nuestra principal fuente de ingresos– durarán entre 8 y 12 años más; por ello hay que hacer más eficiente la recaudación y el gasto, preparándonos para la restricción en ingresos.

El objetivo de la simplificación tributaria es aumentar la recaudación combatiendo la elusión y la evasión. Entre las principales coincidencias a este aspecto, destaca la de disminuir los escalones del ISR, en base a experiencias de otros países. Esta simplificación ayuda a reducir los costos de cumplimiento y de administración del sistema, y facilita la fiscalización. Es importante mencionar que la coincidencia entre Calderón y López Obrador es considerable: el primero propone dos tasas (excepciones a los bajos niveles de ingreso y después una misma tasa) y el segundo tres. Ambos están más cerca entre sí que del sistema actual. Madrazo también propone una simplificación a fondo del sistema.

Coincidencias importantes sobre este tema:
- Aumento de la recaudación a través de una simplificación tributaria, disminuyendo el número de tasas existentes del ISR y estableciendo tasas parecidas a las de países competidores, a la vez que se reducen las exenciones y las deducciones.
- Garantizar que los impuestos sean progresivos, sobre todo para minimizar el efecto negativo de la disminución del número de tasas sobre personas con ingresos bajos.
- Aumentar el cumplimiento mediante la simplificación de los trámites necesarios para asumir las responsabilidades fiscales.
- Eliminar parcialmente los regímenes especiales del IVA que provocan o permiten la elusión y la evasión para evitar abusos.

Sobre la simplificación de la administración pública, debe señalarse que si bien es muy importante reducir el gasto burocrático, existen expectativas excesivas sobre tal política general, pues producirá ahorros relativamente modestos que no impactarán mucho al aplicarse en otros destinos. Además, actores importantes no apoyarán los recortes: en buena medida el Congreso debe reducir sus propias partidas (es decir, las partidas que benefician a sus miembros).

Esto no significa que no haya posibilidad de mejora, ni otros ámbitos de la administración pública que puedan aumentar su eficiencia. Por ejemplo, una fuente importante de la ineficiencia del sector público es la complejidad de sus procesos –es común que dentro de las mismas entidades y dependencias existan departamentos completos dedicados simplemente a dar seguimiento a trámites. El gran número de requisitos y trámites desincentiva la inversión; se requiere de una simplificación cuidadosa y también de reducir el tamaño de las dependencias.

Coincidencias importantes sobre este tema:
- Reducir la proporción de gasto corriente (burocrático) y aumentar el de gasto en inversión.
- Simplificación de trámites para abrir empresas para promover inversión productiva.

4. Transformación de la estructura corporativa de las empresas energéticas del Estado
Grado de coincidencia: 70 %

Las finazas públicas de nuestro país dependen del sector energético, por lo que es indispensable conseguir su adecuado funcionamiento. La constante erosión de las reservas de petróleo implica que una medida prioritaria es modificar el régimen fiscal de PEMEX. De modo más general, hay que modificar el gobierno corporativo de las empresas energéticas del Estado. Este tema no solo implica un ahorro en términos presupuestarios, sino un mejor manejo y utilización de los recursos energéticos del país.

Coincidencias importantes sobre este tema:
* Fomento a la diversificación de fuentes de energía para prepararnos contra el eventual consumo de las reservas de hidrocarburos.
* Modificación del régimen fiscal de las empresas energéticas del Estado para que sea propio, haciendo más eficiente su operación y que se modifiquen las prácticas inadecuadas de gobierno corporativo.
* Dar mayor autonomía a las empresas del sector energético para asegurar la toma de decisiones apropiadas y estrategias más eficientes.
* Mejorar la transparencia y la rendición de cuentas en el presupuesto de las empresas energéticas.
* Fortalecer a la Comisión Reguladora de Energía ampliando sus atribuciones.
* Establecer alianzas estratégicas para hacer más eficiente la exploración y extracción de hidrocarburos, en particular en aguas profundas.
* Fomentar la producción de energía eléctrica por el sector privado de manera complementaria para incrementar la competencia y eficiencia en el sector.

5. Incrementar la competencia en sectores estratégicos
Grado de coincidencia: 30 %

Esta medida es necesaria para aumentar la inversión en nuestro país y generar crecimiento. Una clara coincidencia al respecto es la de darle mayor autonomía y facultades a la COFECO, objetivo que se ha alcanzado en gran medida con la nueva Ley Federal de Competencia Económica. Lo que se requiere para incrementar la competencia es una gran voluntad política para poder enfrentar los intereses económicos creados, conllevando una baja viabilidad de implementación.

Coincidencias importantes sobre este tema:
* Otorgar mayor autonomía a la Comisión Federal de Competencia para

estimular la competitividad de la economía mediante la sana competencia de las empresas.

- Adoptar nuevas tecnologías de información en el gobierno para hacer más eficiente y transparente el intercambio de información.

Evaluación de las coincidencias entre los candidatos
ÁREA SOCIAL

Comentarios generales

Antes de indicar las prioridades de política para los próximos años, el panel de expertos en temas sociales hizo algunas observaciones generales sobre el ejercicio. Sobre la capacidad de las propuestas coincidentes para unificar criterios de los actores políticos, señaló que en muchos casos puede resultar limitada porque las concordancias se reducen a temas, sin incluir los medios para llevarlas a cabo. En cuanto a la efectividad de las propuestas en caso de aplicarse, los expertos recordaron que las notas de dos candidatos en el área Social del proyecto *Evalúa y Decide* fueron de pobres a regulares, de modo que las propuestas deben revisarse y mejorarse.

Los evaluadores coincidieron en que los diversos temas de política social, como educación, combate a la pobreza, salud, empleo, cuidado del medio ambiente, etcétera, deben tener como eje vinculante y estar ligados a partir del concepto de competitividad y calidad de vida.

Coincidencias importantes sobre este tema:

1. **Calidad de la educación**
   Evaluación de la educación, Capacitación de los docentes, Salarios de los maestros
   Grado de coincidencia: 80%

El tema de mayor prioridad para las nuevas autoridades debe ser el de la calidad y la inequidad en la educación.

Se observó que existen divergencias entre los candidatos sobre cuáles deben ser los instrumentos para alcanzar los objetivos. Si bien los rubros de capacitación, salarios de los maestros y evaluación son elementos muy importantes que deben mejorarse, es menester considerar que mejorar la calidad educativa ha sido un objetivo de los planes gubernamentales desde hace décadas. Los evaluadores coincidieron en que el tratamiento del tema es más bien tradicional y no existen ideas novedosas entre las propuestas que enfrenten el reto de reformar el sistema educativo. Se necesita, por tanto, un nuevo planteamiento que vaya a la raíz del problema de la educación en México e incluya, por ejemplo, el papel del sindicato.

2. Cobertura de los servicios de salud

Ampliar la cobertura de los servicios de salud a familias que no cuentan con seguridad social
Grado de coincidencia: 83.33 %

Hay plena coincidencia en que debe conseguirse la cobertura universal, aunque no se especifican los medios; asimismo, es necesario reducir considerablemente las muertes por complicaciones que deberían evitarse (diarrea, partos).

3. Eliminación de la inequidad y la violencia en el trato a las mujeres

Violencia contra las mujeres, e Incentivar el empleo y eliminar la discriminación laboral contra las mujeres
Grado de coincidencia: 75 %

Se deben reforzar los mecanismos para dar vigencia real a la equidad de género, en especial en el trabajo. Un aspecto fundamental es enfrentar la violencia contra las mujeres en todas sus dimensiones sociales, sin restringirse al ámbito intrafamiliar. Calderón, Madrazo y López Obrador coincidieron en subrayar el tema de igualdad de género en sus propuestas, pero no lo conciben como un eje transversal que debe tocar todas las áreas de las políticas públicas.

4. Cuidado del medio ambiente

También se debe adoptar una perspectiva transversal al abordar este tema, ya que se relaciona con otros como la pobreza y la educación (por ejemplo, el combate a la pobreza incluye la dotación y el cuidado del agua, así como la producción de bienes y servicios con sustentabilidad). Se destacó la falta de un manejo adecuado de los recursos ambientales, que constituyen un enorme potencial para el desarrollo social y económico de comunidades en todo el país.

5. Combate a la pobreza

Es un tema central en el que hay plena coincidencia entre las propuestas de los candidatos. No obstante, es necesario revisar el esquema de incentivos implícitos que existen en los diversos programas, especialmente en "Oportunidades", pues deben ser mejorados sustancialmente.

3. EVALUADORES

Evaluadores del Área Estado de Derecho:

Dra. Ana Laura Magaloni, CIDE

Dr. José Luis Zambrano, Consultor

Dr. Marcelo Bergman, CIDE

Dr. José Antonio Caballero, UNAM - IIJ

Dr. José Roldán Xopa, ITAM

Prof. Ernesto López Portillo, Instituto para la Seguridad y la Democracia

Dr. Alfonso Oñate, Consultor

Evaluadores del Área Economía:

Dr. Fausto Hernández Trillo, CIDE

Dr. Pablo Cotler, UIA

Lic. Benito Solís Mendoza, Despacho de Asesoría Financiera Benito Solís
    y Asociados

Mtro. Jonathan Heath, HSBC, Director de Estudios Económicos

Mtro. Vicente Corta, Consultor, White & Case LLP Lawyers

Dr. Manuel Gollás, Colegio de México

Dr. Fernando Salas, Grupo Salas

Dr. Pascual García Alba, ITESM

Dra. Lorenza Martínez Trigueros, ITAM

Dr. Luis Miguel Galindo , UNAM

Mtro. Juan Pablo Arroyo , UNAM

Dr. Jaime Zabludovsky, Consultor, Soluciones Estratégicas

Evaluadores del Área Social:

Dr. John Scott Andretta, CIDE

Mtro. Ricardo Samaniego Breach, ITAM

Mtro. Rodolfo de la Torre, UIA

Mtro. Juan Pablo Arroyo, UNAM

Mtra. Ana Luisa Guzmán, CONABIO

Mtra. María de la Paz López Barajas, Consultora

Mtro. Mario Luis Fuentes Alcalá, Centro de Estudios e Investigación
    en Desarrollo y Asistencia Social

Dr. Eduardo Andere, ITAM

Evaluadores del Área Internacional:

Dr. Gustavo Vega, Colegio de México
Dra. Ana Covarrubias, Colegio de México
Dr. Antonio Ortiz Mena, CIDE
Dra. Guadalupe González, CIDE
Dr. Jorge Montaño, COMEXI
Dr. Arturo Borja, COMEXUS
Dr. José Luis Valdés Ugalde, UNAM - CISAN
Mtro. Jesús Velasco, ITAM

Evaluadores del Área Política:

Dr. Javier Aparicio, CIDE
Dr. Francisco Valdés Ugalde, UNAM – IIS
Dr. Benito Nacif, CIDE
Dra. Irma Méndez de Hoyos, FLACSO
Dra. Laura Sour, CIDE

V. DIFUSIÓN

a) Contacto con los medios

Antes de exponer la cobertura del CEEY ofrecida por los medios de comunicación, resulta oportuno detallar de manera breve las operaciones realizadas durante cada una de las tres evaluaciones a fin de captar su atención.

En principio, la convocatoria para los tres eventos incluyó establecer contacto con los siguientes medios:

Periódicos:
El Universal, Reforma, Milenio, La Jornada, El Economista, El Financiero, La Crónica, Diario Monitor y Organización Editorial Mexicana (El Sol de México).

Radio:
Monitor MVS, Grupo Acir, Organización Radio Fórmula, Televisa Radio, Imagen telecomunicaciones, Grupo Radio Centro, NRM Comunicaciones, Radio UNAM, Radio Educación, Instituto Mexicano de la Radio, Radio 13, Radiorama, Cadena Rasa y ABC Radio.

Televisión:
Televisa, TV Azteca, Canal Once, Canal 52mx (MVS), PCTV.

Agencias:
Notimex, EFE, AP, Agencia Proceso de Información (Apro), Europa Press, Reuters y AFP.

Corresponsales extranjeros:
El País, ABC, La Vanguardia, Financial Times, CNN y NYT.

Cabe destacar que, con excepción de los corresponsales extranjeros contactados de manera directa, en el resto de los casos el trato fue reiterado con dos y hasta cuatro integrantes de un mismo medio (jefes de información, editores, productores y/o reporteros).

A la par de estos enlaces personales, a lo largo de este periodo fueron distribuidos Comunicados de Prensa como canales formales de los mensajes más importantes del CEEY. Son los siguientes:

- Comunicado de prensa del 23 de febrero sobre la presentación del 6 de marzo.
- Comunicado de prensa del 23 de marzo sobre las mesas de análisis.

- Comunicado de prensa del 6 de abril sobre cómo se desarrollaron las mesas.
- Comunicado de prensa del 3 de mayo sobre presentaciones en EU y Europa.
- Comunicado de prensa del 25 mayo sobre conferencia de la 2ª etapa el 1 de junio.
- Invitación del 16 de junio a la presentación del 21 en las instalaciones del centro.

b) Coberturas

Como es de esperarse, el acercamiento a los medios de comunicación no tiene como consecuencia directa su cobertura informativa. Numerosas variables dan cuenta de la atención que los medios prestan a un evento: desde el empate de horarios con otros eventos correspondientes a la misma fuente, hasta las políticas editoriales de cada uno de ellos. A continuación se presentan las menciones de cada evaluación organizada por el CEEY.

Primera evaluación

La presentación tuvo lugar el lunes 6 de marzo a las 11:30 hrs. en Casa Lamm. Se contó con la participación del Dr. José Sarukhán Kérmez, profesor emérito y ex rector de la UNAM, especialistas integrantes de los comités de evaluación, legisladores y representantes de los candidatos, así como reconocidos líderes empresariales y de opinión.

Cobertura prensa martes 7 de marzo

Medio	Espacio	Colocación
Reforma	Tercio de plana	Página 8
El Financiero	Primera plana	Primera y página 32
El Economista	Octavo de plana	
Ovaciones	Octavo de plana	
El Sol de México	Octavo de plana	
El País (edición española e internacional)	3/5 de plana	Página 7, jueves 9
ABC	Octavo de plana	Página 32, domingo 12

Lunes 6 de marzo
Televisión y radio

Televisión	Radio
Televisa	W Radio
TV Azteca	NRM
Canal Once	Acir
Canal 52 mx	Radio Red
Sicom canal 26 (Puebla)	Imagen Informativa
	Imer
	Radio UNAM
	Radio Educación

Entrevistas radio y televisión

Hora	Noticiario	Medio	Conductor
8:20	"Hoy por Hoy"	W Radio	Carmen Aristegui
8:35	"La Red de Radio Red"	Radio Red	Sergio Sarmiento Guadalupe Juárez
18:15	"Hoy por Hoy"	W Radio	Ezra Shabot
21:15	"En Línea Directa"	PCTV	Mayté Noriega

Domingo 12 de marzo
Programa especial

Hora	Mesa de discusión	Medio	Conductor
10 a 11 hrs	"Realidades"	88.9 Noticias	Leonardo Kourchenko

6 de marzo
Agencias de noticias y onlines

Agencias	"On-lines"
Reuters	Esmás
Notimex	TV Azteca
Canal Once	Crónica
Canal 52 mx	PR Noticias

Columnas periodísticas

Columna	Título de la nota	Autor	Medio
Pulso Económico	"Evalúa y Decide"	Jonathan Heath	Reforma
	"Que nos digan"	María Amparo Casar	Reforma
Apuntes Financiero	"CEEY: candidatos reprobados"	Julio Serrano	Milenio

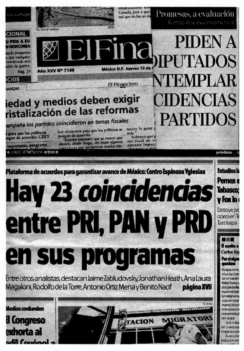

Algunos ejemplos de encabezados en periódicos nacionales que describen los estudios
Evalúa y Decide y *Propuestas de Campañas Coincidentes*.

Segunda evaluación

Efectuada en el University Club, el jueves 1 y el lunes 5 de junio, en el Club de Industriales, obtuvo la siguiente atención por parte de los medios de comunicación:

Cobertura de prensa viernes 2 y martes 6 de junio

Medio	Espacio	Colocación
El Universal	Primera plana	Página 8
El Financiero	Primera plana	Primera plana y página 4
Reforma	Cuarto de plana	Página 13
Milenio	Media plana	Página 11
El Sol de México	Media plana	Página 9
La Crónica	Cuarto de plana	Página 3
Ejecutivo de finanzas (revista)	Media plana	Página 25

Televisión y Radio

Televisión	Radio
TV Azteca	NRM
	Acir
	Radio Red
	Radio UNAM
	Radio Educación

Entrevistas de radio

Hora	Noticiario	Medio	Conductor
8:00 (jueves 1)	"Enfoque"	Stereo Cien (NRM)	Leonardo Curzio
7:40 (jueves 1)	"La Red de Radio Red"	Radio Red	Sergio Sarmiento Guadalupe Juárez

Columnas periodísticas

Columna	Título de la nota	Autor	Medio
Apuntes Financieros (7 de junio)	"Mejor, pero siguen mal"	Julio Serrano	Milenio

Agencias de noticias y onlines

Agencias	"On-lines"
Reuters	Universal
Inter-Press News Service Agency	

Tercera evaluación

El evento, realizado el miércoles 21 de junio en la sede de la Fundación Espinosa Rugarcía, recibió la siguiente cobertura:

Cobertura de prensa jueves 22 de junio

Medio	Espacio	Colocación
El Financiero	Primera plana/plana completa página 4	Primera plana
El Economista	Primera plana	Primera plana
Milenio	Media plana	Página 27
La Crónica	Fotografía	Página 9
ABC (España)	Plana junto con otra información electoral	Página 23

Televisión y radio

Televisión	Radio
PCTV	W Radio
	NRM
	Acir
	Radio Red
	Imagen Informativa
	IMER
	Radio UNAM
	Radio Educación

"On-lines" y agencias de noticias

"On-lines"	Agencias
Yahoo	EFE (española)
	Agencia Proceso de Información (Apro)

Entrevistas de radio

Hora	Noticiario	Medio	Conductor
7:40 (22 de junio)	"Enfoque"	NRM Stereo Cien	Leonardo Curzio
7:25 (22 de junio)	"La Red de Radio Red"	Radio Red	Sergio Sarmiento
8:00 (23 de junio)	"Imagen Informativa"	Imagen	Pedro Ferriz de Con
17:00 (23 de junio)	"Hoy por Hoy"	W Radio	Ezra Shabot

c) Difusión en instituciones académicas del extranjero

El 31 de marzo, así como durante la segunda quincena de abril, el Dr. Enrique Cárdenas viajó a Estados Unidos, Francia, España e Inglaterra a fin de atender las invitaciones de diferentes instituciones académicas y de investigación.

En el David Rockefeller Center for Latin American Studies de la Universidad de Harvard, el Dr. Cárdenas participó en el seminario *Las elecciones del 2006 en América Latina: resultados e impacto*. En una reunión destinada al análisis del proceso electoral mexicano efectuada el 31 de marzo, participaron también Alejandro Poiré (Robert F. Kennedy Visiting Professor in Latin American Studies); Gerardo Esquivel (asesor en la campaña de la Alianza por el Bien de Todos); Ernesto Cordero (asesor en la campaña del Partido Acción Nacional) y Jorge Chávez Presa (asesor en la campaña de la Alianza por México).

El martes 18 de abril tuvo lugar en The American University of Paris una conferencia en la que el Dr. Cárdenas expuso el proyecto de evaluación de las campañas a la presidencia. Con la asistencia del Embajador de México en Francia, H. Claude Heller, el Director del CEEY explicó la metodología y resultados de la primera etapa de la evaluación, la cual fue comentada por profesores y alumnos de ciencia política de esa institución.

El jueves 20, en Madrid, el centro cultural Casa de América abrió sus puertas para presentar ante académicos, periodistas y público interesado en asuntos sobre México, algunos de los pormenores de la evaluación que el CEEY realizó a las propuestas de campaña de los candidatos a la Presidencia. En esta sesión, el Dr. Pedro Pérez Herrero, Subdirector del Instituto Universitario Ortega y Gasset y anfitrión del evento, destacó la importancia de estos ejercicios de evaluación y estimó que este tipo de esfuerzos incluso le vendrían bien a países como España.

El viernes 21 de abril, en la última etapa de esta serie de eventos, el Dr. Cárdenas impartió en Londres una conferencia a integrantes del Programa para América Latina del Royal Institute on Internacional Affairs, mejor conocido como Chatham House. En su exposición, el Dr. Cárdenas dio nuevamente cuenta de la metodología del proyecto *Evalúa y Decide*, presentó los principales resultados de la primera evaluación y describió las reacciones de los equipos de campaña de los candidatos. Entre los participantes se encontró Michael Reid, Editor de "Las Americas" del periódico The Economist, quien destacó la solidez de la metodología y sugirió que el CEEY implementara evaluaciones semejantes en otras áreas de interés público.

d) Análisis del uso de la página web del CEEY

Como indicador de la efectividad de nuestros esfuerzos de difusión, se presenta el seguimiento del uso de nuestra página Web y su posible correlación con eventos específicos.

Destaca en primer lugar el número global de visitas a la página que a lo largo de sus primeros 4 meses de existencia (se instaló el 27 de febrero y se anunció ocho días después), llegó a cerca de 11,800 visitas y más de 990 mil hits. Los momentos altos de visita tuvieron lugar luego del lanzamiento de la página y del anuncio de los resultados de la primera evaluación, así como al darse a conocer los resultados de la segunda y tercera etapas. Existe un aumento muy considerable en el mes de junio, especialmente a raíz del anuncio de los resultados y de las entrevistas radiofónicas de esos días. Parece especialmente importante la entrevista con Pedro Ferriz en la que se mencionó varias veces la conveniencia de visitar la página.

Resumen por mes										
Mes	Promedio diario				Total Mensual					
	Hits	Archivos	Páginas	Visitas	Sitios	KBytes	Visitas	Páginas	Archivos	Hits
Junio 06	21,441	15,822	2,043	236	4,630	4,922,547	7,099	61,311	474,669	643,246
Mayo 06	2,246	1,515	318	37	661	432,599	9,865	46,973		69,654
Abril 06	2,002	1,358	303	39	714	384,228	9,092	40,767	60,084	
Marzo 06	5,567	4,092	1,006	46	1,051	1,144,152	1,445	31,209	126,881	
Feb. 06	616	465	191	5	7	6,623	382	931	1,232	
Totales						7,229,059	11,769	115,448	722,039	991,028

Mediante el análisis diario de los datos, se pueden detectar tres grandes periodos en el uso de la página desde el 28 de febrero hasta el 25 de junio. El primero (todo marzo) y el último (a partir del 29 de mayo), son de crecimiento en el número de visitas y de hits, en tanto que el segundo es de estancamiento.

Se distingue una diferencia en el orden de magnitud entre la primera y la tercera etapas. Las visitas pasaron de 1,450 a 7,100 en tanto que el esfuerzo de difusión, si bien se perfeccionó, no creció mucho. Se trata del interés creciente suscitado por la proximidad de la contienda electoral.

El mejor medio de difusión parece ser el de las entrevistas de radio. En las primeras dos conferencias (Aristegui, Sarmiento y Shabot, y Curzio y Sarmiento) las visitas crecieron 720 y 320 por ciento respectivamente. En la tercera etapa, el día de las entrevistas con Ferriz y Shabot las visitas volvieron a subir más de tres veces (desde un nivel muy alto).

En cuanto a los eventos del CEEY, las conferencias de prensa y el evento del Club de Industriales ("eventos sobre el CEEY con periodistas"), tuvieron siempre un efecto inmediato considerable, aunque decreciente (aumentos en las visitas de 720, 320, 120 y 105 por ciento respectivamente, pero hay que considerar que se acompañaban de entrevistas).

La cobertura agregada de los periódicos parece no tener un efecto independiente si se considera que éste se refleja al día siguiente. Luego de la primera y de la segunda conferencias de prensa las visitas disminuyeron ligeramente. Pero luego de los periódicos de la tercera conferencia (y de la entrevista de Ferriz), las visitas crecieron más de tres veces. El efecto que se observa se debe también a las entrevistas de radio y a la nota aparecida en Yahoo.

Si se considera que el efecto de los periódicos en las visitas, se produce el mismo día de la publicación de la nota de los periódicos, se observa un patrón: en la primera etapa las visitas disminuyen el día en que aparecen los periódicos (los periodistas interesados son más que el público en general); en la segunda el uso de la página el día de la conferencia y el siguiente es muy parecido, y en la tercera etapa los usuarios de la página son muchos más que los periodistas (el uso es mayor al día siguiente de la conferencia). Se infiere que el público está cada vez más interesado en el tema. Esta segunda interpretación parece más intuitiva. Un efecto claro parece ser el de Yahoo (cuya referencia apareció el día de la tercera evaluación), que hizo pasar las visitas de 123 a 399 en un día.

Dos ejemplos del sitio web del Centro de Estudios Espinosa Yglesias, AC, mostrando los resultados del proyecto *Evalúa y Decide.*

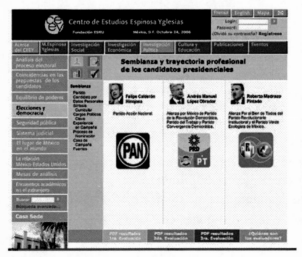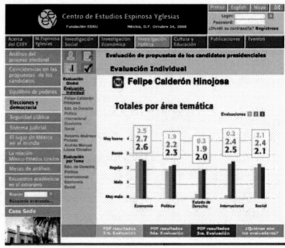

ANEXO I.

CURRICULUM VITAE DE LOS EVALUADORES

ÁREA ESTADO DE DERECHO

MARCELO BERGMAN HARFIN

Estudios

Doctorado en sociología jurídica, Universidad de California (San Diego), 2001.

Maestría en ciencia política, Universidad Hebrea de Jerusalén, 1985 (Magna Cum Laude).

Doble Licenciatura en ciencia política e historia, Universidad Hebrea de Jerusalén 1981.

Actividades académicas / profesionales

Profesor investigador titular, Centro de Investigación y Docencia Económicas (CIDE), División de Estudios Jurídicos. Clases impartidas: Problemas jurídicos contemporáneos, Sociología del derecho, Métodos cuantitativos aplicados al derecho, 2001a la fecha.

Profesor, Departamento de Sociología, Universidad de Oregon. Clases impartidas: Delito, Desvío y control social, Sociología en América Latina, Derecho y sociedad, Delito y control social, Cultura e identidades colectivas en Latino América, Los hispanos en los Estados Unidos, 1996-2000.

Director de investigaciones, Programa para el Desarrollo de las Naciones Unidas (PNUD), Buenos Aires. Cumplimiento tributario y medición de programas de ejecución (enforcement) estatal, 1998-1999.

Asistente de cátedra. Departamento de Ciencias Políticas, La Universidad Hebrea de Jerusalén. Clases Impartidas: Métodos de investigación, Políticas comparadas, Estratificación social, 1984-1985.

Director administrativo, Instituto de Investigación sobre el Empleo y el Bienestar, Universidad Hebrea de Jerusalén, 1982-1984.

Asistente de investigación, Departamento de Ciencias Políticas, Universidad Hebrea de Jerusalén, 1980-1982.

Áreas de interés

Sociología del Derecho en América Latina, políticas de control del crimen y seguridad, política pública de seguridad y control del crimen, sociología del derecho, estudios empíricos sobre instituciones de seguridad pública y crimen, sociología jurídica, estadística criminal.

Publicaciones recientes

(Con Armando Nevarez), "Do Audits Enhance Compliance? An Empirical Assessment of VAT Enforcement", *National Tax Journal*, 2005, por publicarse.

"Crime and Citizen Security in Latin America: The Challenges for New Scholarship", *Latin American Research Review*, 41: 2, 2006.

(Con Armando Nevarez), "Evadir o Pagar Impuestos. Una Aproximación a los Mecanismos Sociales del Cumplimiento", *Política y Gobierno*, 12:1, CIDE, 2005.

(Con E. Azaola), "Delincuencia y Sistema Penitenciario en México", *Revista Brasileira de Ciencias Criminais*, Editora Revista Dos Tribunais, Brasil, 2004, 46.

(Con R. Kossick), "The Enforcement of Local Judgments", *Inter-American Law Review*, 2003, 34:3.

"Tax Reforms and Tax Compliance: The Divergent Paths of Chile and Argentina", *Journal of Latin American Studies*, 2003, 35:3.

(Con R. Kossick), "La Ejecución de Sentencias en México. Análisis de Percepciones Cuantitativas y Cualitativas del Poder Judicial y de la Profesión Legal", *Revista Juez, Cuadernos de Investigación del Instituto de la Judicatura Federal*, 2003, 2:3.

"Who Pays for Social Policy? A Study of Taxes and Trust" *Journal of Social Policy*, 2002, 31:2.

JOSÉ ANTONIO CABALLERO JUÁREZ

Estudios

Doctorado en derecho, Universidad de Navarra, España, 1996.

Maestría en derecho, Universidad de Stanford, 2002.

Licenciatura en derecho, Universidad Nacional Autónoma de México (UNAM), 1993.

Actividades académicas / profesionales

Investigador titular "B" de tiempo completo, Instituto de Investigaciones Jurídicas, UNAM, 1991 a la fecha.

Investigador nacional nivel I en el Sistema Nacional de Investigadores.

Áreas de interés

Historia del derecho, sociología del derecho, Constitución de 1917, Suprema Corte de Justicia, tribunales superiores de justicia, recopilaciones de indias y temas relacionados con la función jurisdiccional, la procuración de justicia y el acceso a la justicia.

Publicaciones recientes

Libros

(Con Hugo Concha), El *Diagnóstico sobre la Administración de Justicia en las Entidades Federativas*, UNAM, 2001.

Coordinador de *Historia del derecho. Memoria del Congreso Internacional de Culturas y Sistemas Jurídicos Comparados*, IIJ-UNAM, 2005.

Editor de El *acceso a la información judicial en México: una visión comparada*, IIJ-UNAM, 2005.

La vinculación en las instituciones de educación superior y en las universidades: autonomía y sociedad, IIJ-UNAM, 2003.

Artículos

"The independence of the judicial powers ten years after the reform in Mexico", *Mexican Law Review*, (Sección Articles), 6, 2006.

"La independencia de los poderes judiciales a diez años de reforma en México", *Revista Mexicana de Justicia* (Sección de Reforma Judicial en las Entidades Federativas), 6, 2005.

"The Reception in Mexico to the Alfonso García-Gallo Institutional School", *Mexican Law Review*, (Sección Articles), 2, 2004.

"Los elementos de la reforma judicial: una propuesta multidisciplinaria para el estudio de los tribunales estatales mexicanos", *Revista Mexicana de Justicia*, (Sección de Reforma Judicial en las Entidades Federativas), 1, 2003.

(Con Carlos Natarén), "El malestar en el proceso. Análisis de los problemas en el procedimiento penal mexicano", *Criminalia*, LXX: 3, Sep.-dic., Academia Mexicana de Ciencias Penales-Porrúa, 2005.

Voz "Acceso a la información judicial" en *Diccionario enciclopédico de derecho de la información*, Ernesto Villanueva (coordinador), UNAM, en prensa.

(Con Carlos Natarén), "Comentarios a las propuestas de reforma al sistema de justicia penal", en Bardán, Cuitlahuac, Shirk, David y Ríos, Alejandra, *Análisis técnico de la propuesta de reforma al sistema de justicia mexicano*, Instituto de Investigaciones Legislativas del Senado de la República-Centro de Estudio México-Estados Unidos, Universidad de California (San Diego), 2005.

"La independencia de los poderes judiciales a diez años de reforma en México", Reforma Judicial. *Revista Mexicana de Justicia*, 7, 2005.

"Acceso a la justicia. Cultura y marginación jurídica", *Memorias del Congreso de Sociología*, Facultad de Ciencias Políticas y Sociales, UNAM, en prensa.

"El artículo 17 de la Constitución", en *Los derechos del pueblo mexicano*, Cámara de Diputados- Instituto de Investigaciones Jurídicas-Miguel Ángel Porrúa, 2006.

SERGIO LÓPEZ AYLLÓN

Estudios

Doctorado en derecho, Facultad de Derecho de la Universidad Nacional Autónoma de México (UNAM), 1994-97.

Estudios de doctorado, especialidad Sociología del derecho, Universidad de Derecho, Economía y Ciencias Sociales de París (París II), 1987-1989.

Diplôme d'Etudes Approfondies en Sociologie du Droit et Relations Sociales, Universidad de París II, 1985-1987.

Licenciatura en derecho, Facultad de Derecho de la UNAM, 1979-1983.

Actividades académicas / profesionales

Profesor investigador, División de Administración Pública, CIDE.

Coordinador general de proyectos especiales, Comisión Federal de Mejora Regulatoria, 2001-2003.

Secretario académico, Instituto de Investigaciones Jurídicas, UNAM, 1999-2000.

Jefe de la Unidad de Comercio Internacional, Instituto de Investigaciones Jurídicas, UNAM, 1995- 1999.

Director de América del Norte y solución de controversias, Dirección General de Soporte Jurídico de Negociaciones Comerciales Internacionales, Secretaría de Comercio y Fomento Industrial, 1993- 1995.

Director de análisis legal, Unidad de Negociación del Tratado de libre Comercio, Secretaría de Comercio y Fomento Industrial, 1991-1992.

Coordinador para América Latina, División de Tratados y Convenciones, Greenpeace Internacional, Amsterdam, Holanda, 1990-1991.

Técnico académico titular C, Instituto de Investigaciones Jurídicas, UNAM, 1982-1985.

Áreas de interés

Derecho de la información, acceso a la información, transparencia, políticas de regulación, sociología del derecho, reforma de la Administración Pública.

Publicaciones recientes

Globalización, Estado de derecho y seguridad jurídica. Una exploración sobre los efectos de la globalización en los poderes judiciales de iberoamérica, Suprema Corte de Justicia de la Nación, México, 2004.

(Con Hugo Concha y Lucy Tacher), *Transparentar el Estado: la experiencia mexicana de acceso a la información*, UNAM-SAID, México, 2004.

(Con Gustavo Véga Cánovas), *Las prácticas desleales de comercio en el proceso de integración en el continente americano*, UNAM, México, 2001.

ERNESTO LÓPEZ PORTILLO VARGAS

Estudios

Licenciatura en derecho en Sistema de Universidad Abierta. Universidad Nacional Autónoma de México (no concluida).

Actividades académicas / profesionales

Presidente y fundador del Instituto para la Seguridad y la Democracia, A.C., 2003 a la fecha.

Colaborador quincenal en el periódico El Universal, 2006 a la fecha.

Colaborador semanal en el periódico Diario Monitor, 2004-2006.

Asesor del Procurador general de la República, del Senado de la República, de la Cámara de Diputados y de la Asamblea Legislativa del Distrito Federal, 1995-2003.

Áreas de interés

Seguridad Pública, reforma policial, justicia penal y derechos humanos.

Publicaciones recientes

Editor asociado de la primera enciclopedia mundial de policía y autor del capítulo de México, Das D. (ed.), *World Police Enciclopedia*, New York, Routledge, 2006.

Capítulo "Mexico", en *Criminal Justice System Fact Book*, Office of Justice Programs, Bureau of Justice Statistics, Estados Unidos, World Fact Book of Criminal Justice Systems, U.S. Department of Justice , 2003.

(Con S. González Ruiz), *Seguridad Pública en México*, UNAM, México, 1994 (el primer libro especializado en seguridad pública aparecido en México).

ANA LAURA MAGALONI KERPEL

Estudios

Doctorado en derecho, Universidad Autónoma de Madrid, España, 1991-1992 y 1993-1995.

Estudios especiales para los aspirantes a juez federal, Instituto de Especialización Judicial de la Suprema Corte de Justicia de la Nación, 1990.

Licenciatura en derecho, Instituto Tecnológico Autónomo de México (ITAM), 1984-1988.

Actividades académicas / profesionales

Profesora de Derecho constitucional I, Licenciatura en Derecho, Centro de Investigación y Docencia Económicas (CIDE), 2003.

Profesora del seminario de apoyo a la docencia e investigación jurídicas, Licenciatura en Derecho, CIDE, 2002.

Profesora de Problemas jurídicos contemporáneos, Licenciatura en Derecho, CIDE, 2002.

Profesora de Teoría del derecho II, Licenciatura en Derecho, CIDE, 2002.

Profesora de Derecho constitucional, Licenciatura en Ciencia Política y Relaciones Internacionales, CIDE, 1999-2000.

Abogada litigante en materia penal, 1996-1997.

Directora general de estudios y proyectos, Comisión Nacional de Derechos Humanos, 1990-1991.

Áreas de interés

Justicia penal, estudios empíricos sobre instituciones de justicia, teoría del derecho comparada, políticas de control del crimen y seguridad, jueces, procesos y resultados de la justicia constitucional mexicana y norteamericana y estudios empíricos sobre instituciones de seguridad pública y crimen.

Publicaciones recientes

El precedente constitucional en el sistema judicial norteamericano, Mc Graw Hill, España , 2001.

(Con Layda Negrete Sansores), "Desafueros del poder: la política judicial de decidir sin resolver", Trayectorias.

Revista de Ciencias Sociales de la Universidad Autónoma de Nuevo León, 2, 2000.

La mujer ante el sistema penal mexicano: el caso de Claudia Rodríguez, Las universitarias frente al siglo XX, Universidad de Guanajuato, México, 1998.

ALFONSO OÑATE LABORDE

Estudios

Estudios de Doctorado en filosofía del derecho, Universidad de Oxford, Inglaterra, 1979-1981, (pendiente de examen: doctorando).

Maestría en filosofía del derecho, Universidad de Oxford, Inglaterra, 1977-1979.

Licenciatura en derecho, Facultad de Derecho de la Universidad Nacional Autónoma de México (UNAM), 1970-1975.

Actividades académicas / profesionales

Consultor independiente y Director de la revista Nuestra Democracia, 2004 a la fecha.

Director de audiencias, Presidencia de la República, 1985-1987.

Director de administración, Presidencia de la República, 1987-1988.

Director jurídico, Azúcar, S.A., 1989-1991.

Oficial mayor, Suprema Corte de Justicia de la Nación, 1992-1994.

Consejero de la Judicatura Federal, 1995-1999.

Director ejecutivo, Comisión para la Cooperación Laboral de América del Norte (organismo internacional encargado de administrar uno de los acuerdos paralelos al TLCAN), Washington, D.C., 2000-2004.

Profesor: Facultad de Ciencias Políticas y Sociales de la UNAM, 1974-1976; Facultad de Derecho de la UNAM, 1975; Departamento de Derecho de la Universidad Autónoma Metropolitana, 1975-1977; Departamento de Derecho del Instituto Tecnológico Autónomo de México, 1997-1998; División de Relaciones Internacionales de El Colegio de México, 1981-1982; Instituto de Especialización Judicial de la SCJN, 1992-1994; Instituto de la Judicatura Federal, 1996-1999.

Áreas de interés

Derecho constitucional, derecho electoral y administración de justicia.

Publicaciones recientes

Los Conceptos Jurídicos Fundamentales de W. N. Hohfeld, Instituto de Investigaciones Filosóficas, UNAM, 1977.

"The Mexico-US, Agreement on Co-operation for the protection and improvement of the enviroment in the Border: The position of Mexico ", en Paul Ganster y Walter Hartmut, *Environmental Hazards and Bioresources Management in the United States-Mexico Borderlands*, UCLA, Latin American Center Publications, Los Angeles, 1977.

"El Segundo Imperio", en *Los Derechos del Pueblo Mexicano. México a través de sus Constituciones*. LII Legislatura, Cámara de Diputados, IV, 1985.

JOSÉ ROLDÁN XOPA

Estudios

Doctorado en derecho, División de Estudios de Posgrado, Facultad de Derecho de la Universidad Nacional Autónoma de México (UNAM), especialidad en Derecho constitucional y administrativo, 1985-1988.

Maestría en derecho económico, Universidad Autónoma Metropolitana, 1986-1987.

Licenciatura en derecho, Benemérita Universidad Autónoma de Puebla.

Actividad Profesional

Jefe del Departamento Académico de Derecho, Instituto Tecnológico Autónomo de México (ITAM), junio 2006 a la fecha.

Director de la Maestría en Derecho Administrativo y de la Regulación, ITAM, 2002 a la fecha.

Director de la Licenciatura de Derecho, ITAM.

Asesor jurídico del Secretario general de desarrollo social del Departamento del Distrito Federal, 1994.

Director consultivo y de asuntos notariales, Departamento del Distrito Federal, 1993-1994.

Áreas de Interés

Competencia económica, derecho constitucional económico, derecho administrativo, derecho indígena.

Publicaciones recientes

Derecho Administrativo, Oxford University Press, México, en prensa.

(Con Rafael Minor), *Manual de Técnica legislativa*, M.A. Porrúa, México, 2005.

"La responsabilidad patrimonial del Estado en México: hacia una interpretación constitucional alternativa", en Juan Carlos Marín (coord.), *La responsabilidad patrimonial del estado*, Porrúa-ITAM, México, 2004.

Constitución y mercado, Porrúa, México, 2004.

(Con S. Zamora, J.R. Cossío, L. Pereznieto y D. López), *Mexican Law*, London, 2004.

El desafuero de Andrés Manuel López Obrador o ¿qué es la legalidad?, Editorial Huber, México, 2004.

El sistema de fuentes del Senado, Miguel Ángel Porrúa-ITAM, México, 2003.

Derecho Público y Modernidad, Estudios jurídicos, Editorial Huber, México, 1999.

ÁREA POLÍTICA

IRMA MÉNDEZ DE HOYOS

Estudios

Doctorado en gobierno, Universidad de Essex, Departamento de Gobierno, Reino Unido, 1994-2000.

Maestría en políticas públicas, Universidad de Londres, Queen Mary and Westfield College, Reino Unido, 1993-1994.

Diplomado universitario en estudios electorales, Universidad Autónoma Metropolitana (UAM)- Iztapalapa, 1993.

Diplomado en análisis politológico, Universidad Nacional Autónoma de México (UNAM), 1991.

Diplomado universitario en análisis político, Universidad Iberoamericana (UIA), 1990-1991.

Licenciatura en ciencias políticas y administración pública, UNAM, ENEP Acatlán, 1984-1989.

Actividades académicas / profesionales

Coordinadora de la Maestría en gobierno y asuntos públicos y profesora investigadora, Facultad Latinoamericana de Ciencias Sociales (FLACSO), sede académica de México, 2004 a la fecha.

Profesora investigadora de tiempo completo, FLACSO, sede académica de México, 2005.

Tutora a distancia de la especialidad en política y gestión educativa, FLACSO, sede académica de México, 2004.

Profesora asociada D de medio tiempo, UAM-Xochimilco, 2003.

Profesora asociada D de medio tiempo, UAM-Iztapalapa, 2003 y 2002.

Expositora, Centro de Investigación y Docencia Económicas (CIDE), noviembre 2002.

Expositora, Instituto Estatal Electoral de Hidalgo, Pachuca, julio 2001.

Expositora, Instituto Federal Electoral, Centro de Formación y Desarrollo, Monterrey, Nuevo León y México, D.F., noviembre-diciembre 2001.

Expositora, Instituto Federal Electoral, Centro de Formación y Desarrollo, México, D.F., marzo 2001.

Profesora asignatura, UNAM, ENEP Acatlán, 1991-1992.

Áreas de interés

Democracia, partidos, elecciones, políticas públicas.

Proyecto actual: "Competencia electoral y buen gobierno en México y América Latina", FLACSO, sede académica de México.

Publicaciones recientes

Transición a la democracia en México: reformas electorales y competencia partidista, 1977-2003, Editorial Fontamara-FLACSO, México.

"La transición mexicana a la democracia: competitividad electoral en México, 1977-1997", *Perfiles Latinoamericanos* (revista de la FLACSO), 24, México, junio 2004.

"Las elecciones federales de 2003. La nueva configuración del sistema de partidos y el papel de los partidos pequeños", Documentos de trabajo, Serie encuentros y conferencias-1, FLACSO, México, marzo 2004.

"Competencia y competitividad electoral: dos conceptos clave de la transición democrática", *Polis* 03, UAM-Iztapalapa, 1, diciembre 2003.

BENITO NACIF HERNÁNDEZ

Estudios

Doctorado en ciencias políticas, University of Oxford, St. Antony´s College, Inglaterra, 1995 (tesis: "The Mexican Chamber of Deputies; the Political Significance of Non-Consecutive Re-election").

Licenciatura en administración pública, El Colegio de México, Centro de Estudios Internacionales, 1984-1988 (tesis: "Cambios en el tamaño del gobierno mexicano, 1970-1987").

Actividades académicas / profesionales

Director de la División de Estudios Políticos del Centro de Investigación y Docencia Económicas (CIDE).

Profesor titular, División de Estudios Políticos del CIDE, 1995 a la fecha.

Consejero ciudadano del distrito federal electoral No.10 del D.F., 1999-2000.

Director de la revista Política y Gobierno, 1997-2000.

Analista para la firma de consultoría internacional Oxford Analytica, 1993-1999.

Jefe del Departamento de Análisis Cuantitativo, Asesoría Técnica de la Presidencia de la República, Coordinación de Oficinas de la Presidencia de la República, 1989-1990.

Jefe de departamento, Coordinación de Asesores, Secretaría de Desarrollo Urbano y Ecología, 1988.

Áreas de interés

Poder Legislativo mexicano, partidos políticos y sistemas electorales, legislaturas en América Latina, las relaciones Ejecutivo-Legislativo y el Congreso.

Publicaciones recientes

Artículos

"La rotación de cargos legislativos y la evolución del sistema de partidos en México", *Política y Gobierno*, 4:1, México, 1997.

Libros

(Compilado con Carlos Elizondo Mayer-Serra), *Lecturas sobre el cambio político en México*, Fondo de Cultura Económica-Centro de Investigación y Docencia Económicas, México, 2002.

"Explaining Party Discipline in the Mexican Chamber of Deputies: the Centralized Party Model", en Benito Nacif y Scott Morgenstern (eds.), *Legislative Politics in Latin America*, Cambridge University Press, Inglaterra, 2001.

"El sistema de comisiones permanentes en la Cámara de Diputados", en Germán Pérez Fernández del Castillo (comp.), *La Cámara de Diputados en México*, Facultad Latinoamericana de Ciencias Sociales (FLACSO), México, 2000.

"La no reelección consecutiva y la persistencia del partido hegemónico en la Cámara de Diputados de México", en Rogelio Hernández y Francisco Gil Villegas (comps.), *Los legisladores ante las reformas políticas en México*, El Colegio de México, México, 2000.

Revistas

"Auge y caída del presidencialismo en México", *Trayectorias* (revista de ciencias sociales de la Universidad de Nuevo León), 2:2, México, 2000.

FRANCISCO SALES HEREDIA

Estudios

Doctorado en ciencia política, Warwick University, Departamento de Ciencia Política y Estudios Internacionales, Reino Unido, 1999-2002.

Maestría en investigación en ciencia política y estudios internacionales, Warwick University, Departamento de Ciencia Política y Estudios Internacionales, Reino Unido, 1996-1997.

Maestría en filosofía de los asuntos públicos, Warwick University, departamentos de filosofía, ciencia política y derecho, 1995-1996.

Licenciatura en filosofía, Universidad Nacional Autónoma de México (UNAM), 1988-1994.

Actividades académicas / profesionales

Jefe de asesores de investigación, Petróleos Mexicanos (PEMEX), Subdirección de Transformación Cultural en la Dirección Corporativa de Competitividad e Innovación, 2002-2004. Funciones: Jefe de proyecto de la política social de PEMEX. Diseño de política empresarial de relaciones con la comunidad, tomando en cuenta la naturaleza política de la paraestatal y su relación con las comunidades donde ejerce su actividad. Diseño de índices municipales para evaluar los costos y beneficios de la presencia de PEMEX en la zona. Coordinación de reuniones de asesores sociales de las diversas subsidiarias de PEMEX.

Subdirector operativo (nivel de subsecretario de Estado), Instituto de Cultura de Campeche, mayo-septiembre

1995. Funciones: Coordinador de operación del instituto. Coordinador de las casas de cultura del estado. Coordinador de la red de bibliotecas del estado. Coordinador de planeación de la sustentabilidad de la cultura a nivel estatal.

Profesor y Director de la carrera en ciencia política y relaciones internacionales, Centro de Investigación y Docencia Económicas (CIDE), mayo de 2004 a la fecha. Funciones:

Investigación en temas de justicia distributiva, pobreza, energía. Coordinación docente de la licenciatura. Participación en el grupo directivo que toma las decisiones docentes en el CIDE. Profesor en la licenciatura: Teoría política III, Historia del pensamiento occidental, Ensayo y exposición.

Profesor de asignatura en la Maestría de políticas públicas, Instituto Tecnológico Autónomo de México (ITAM). Curso impartido: Teoría de la justicia distributiva, 2003.

Áreas de interés

Desarrollo, pobreza y justicia social.

Publicaciones recientes

"¿Cómo distribuye en realidad el Estado mexicano el presupuesto federal a los estados de la República? Recomendaciones de política pública desde de la perspectiva de justicia distributiva", Proyecto de análisis del presupuesto federal, Documento de trabajo, División de Administración Pública, CIDE (en prensa).

"Una propuesta de casa habitación autosuficiente: una forma de salvar a las metrópolis", en *Los nuevos fenómenos metropolitanos en México*, Centro de Estudios Sociales y de Opinión Pública, Cámara de Diputados, Palacio Legislativo de San Lázaro (en prensa).

"Principios filosóficos de justicia social", en *Desarrollo social: ...*, Centro de Estudios Sociales y de Opinión Pública, Cámara de Diputados (en prensa).

LAURA SOUR VARGAS

Estudios

Doctorado en políticas públicas, University of Chicago, The Irving B. Harris Graduate School of Public Policy Studies, 1997-2002.

Maestría en políticas públicas, University of Chicago, The Irving B. Harris Graduate School of Public Policy Studies, 1997-2000.

Maestría en economía, Instituto Tecnológico Autónomo de México (ITAM), 1992-1995.

Licenciatura en economía, ITAM, 1986-1995.

Actividades académicas / profesionales

Profesora, Centro de Investigación y Docencias Económicas (CIDE), División de Administración Pública, enero 2001 a la fecha.

Consultora, Centro de Estudios de Competitividad, ITAM, 1996.

Profesora de tiempo completo, ITAM, Departamento de Economía, 1994-1995.

Profesora de tiempo parcial, ITAM, Departamento de Economía, 1992- 1994.

Investigadora financiera, Banco de México, Área Internacional, 1990- 1991.

Áreas de interés

Presupuesto y gasto público, finanzas públicas, descentralización, cumplimiento del pago de impuestos, economía experimental.

Publicaciones recientes

"Nuevos retos de la descentralización fiscal en América Latina", Programa de presupuesto y gasto público, CIDE 2003, marzo 2004.

"El sistema de transferencias federales en México: ¿Premio o castigo para el esfuerzo fiscal de los gobiernos locales urbanos?", *Gestión y Política Pública*, 13:3, segundo semestre de 2004.

"Rentabilidad del gasto para la fiscalización del IVA en México: un punto de partida para la reforma admi-

nistrativa del Sistema de Administración Tributaria",
Reforma y Democracia (revista del CLAD), 27, octubre
2003.

FRANCISCO VALDÉS UGALDE

Estudios

Doctorado en ciencia política, Universidad Nacional
Autónoma de México (UNAM), Facultad de Ciencias
Políticas y Sociales, 1993.

Maestría en ciencias sociales (con mención en ciencia política), Facultad Latinoamericana de Ciencias Sociales
(FLACSO), sede México, 1980.

Licenciatura en ciencias de la comunicación, Instituto
Tecnológico de Estudios Superiores de Occidente
(ITESO), Guadalajara, Jalisco, 1976.

Actividades académicas / profesionales

Profesor investigador, Instituto de Investigaciones Sociales, UNAM, 1990 a la fecha.

Áreas de interés

Reforma del Estado, reformas constitucionales, conflicto
político, filosofía política de la justicia.

Publicaciones recientes

*Libertad, coordinación social y justicia. Debates fundamentales
sobre liberalismo y colectivismo* (en coautoría), próxima
publicación.

"La caída del nacionalismo revolucionario y el cambio del
Estado en México", en varios autores, *El cambio político
en México*, Colección Sinergia, Instituto Electoral del
Distrito Federal, México, 2003.

"Consideraciones sobre la epidemia de Pareto, el 'principio de Hobbes' y el contrato social", en Elisabetta di
Castro y Paulette Dieterlen (comps.), *Racionalidad y
ciencias sociales*, Instituto de Investigaciones Filosóficas, UNAM, 2003.

ÁREA INTERNACIONAL

ARTURO BORJA TAMAYO

Estudios

Doctorado en ciencia política, Universidad de Duke, 1992.

Maestría en ciencia política, Universidad de Duke, 1986.

Licenciatura en relaciones internacionales, Universidad Nacional Autónoma de México (UNAM), 1973-1978.

Actividades académicas / profesionales

Director ejecutivo, Comisión México-Estados Unidos para Intercambio Educativo y Cultural (COMEXUS), 2001a la fecha.

Profesor afiliado, Centro de Investigación y Docencia Económicas (CIDE), División de Estudios Internacionales, 2004 a la fecha.

Profesor de asignatura, Licenciatura en relaciones internacionales, El Colegio de México, 2003-2004.

Profesor visitante, Universidad de Linkopings, Suecia, noviembre-diciembre 2002.

Profesor visitante, Universidad de Alberta, Departamento de Ciencia Política, Edmonton, Canadá, 2001.

Coordinador académico, Programa de intercambio internacional de estudiantes, CIDE, 2000-2001.

Profesor investigador, CIDE, División de Estudios Internacionales, 1992-2001.

Coordinador académico, programa del para la movilidad estudiantil en América del Norte, CIDE, 1996-1999.

Profesor de asignatura, Licenciatura en relaciones internacionales, Instituto Tecnológico Autónomo de México (ITAM), 1992 y 1996.

Profesor investigador, Instituto de Estudios de Estados Unidos, CIDE, 1989-1992.

Subdirector, Instituto de Estudios de Estados Unidos, CIDE, 1983-1984.

Áreas de interés

Teoría de las relaciones internacionales, negociaciones comerciales en América del Norte, estudios regionales comparativos, economía política internacional.

Publicaciones recientes

Kenneth Waltz, *El hombre, el Estado y la guerra*, (traducción de Arturo Borja Tamayo) Colección de Estudios Internacionales, DEI-CIDE, (en prensa).

"Introducción: la obra de Robert O. Keohane y la disciplina de las relaciones internacionales", en *Interdependencia, cooperación y globalismo: ensayos sobre las instituciones internacionales de Roberto O. Keohane*. Colección de Estudios Internacionales, DEI-CIDE, 2005.

"The New Federalism in Mexico and Foreign Economic Policy. An Alternative Two-Level Game Analysis of the Metalclad Case", *Latin American Politics and Society* (formerly the Journal of Inter-American and World Affairs), 43:4, EUA, invierno 2001.

ANA COVARRUBIAS

Estudios

Doctorado en relaciones internacionales, Universidad de Oxford, St. Antony's College, Reino Unido.

Maestría en relaciones internacionales, Universidad de Oxford, St. Antony's College, Reino Unido.

Licenciatura en relaciones internacionales, El Colegio de México.

Actividades académicas / profesionales

Coordinadora de las licenciaturas en relaciones internacionales y en política y administración pública, El Colegio de México, Centro de Estudios Internacionales, 1995-2002 y 2005 a la fecha.

116

Evalúa y Decide. Evaluación de las propuestas de los candidatos a la Presidencia 2006

Research Fellow, St. Antony's College, Universidad de Oxford, Reino Unido, 2002-2004.

Coordinadora, proyecto "Mexico's Changing Place in the World", Centro de Estudios sobre México, Universidad de Oxford, Reino Unido, 2002-2004.

Áreas de interés

Política exterior de México hacia Cuba y Centroamérica, México en el sistema interamericano y los derechos humanos como caso de influencia de factores externos en el diseño de la política exterior.

Publicaciones recientes

"Change and Continuity in Mexican Foreign Policy", en *Latin American Foreign Policies*, Littlefield and Rowman, 2002.

"El ámbito internacional y el proceso de cambio político en México", en Reynaldo Yunuen Ortega (comp.), *Caminos a la democracia*, México, El Colegio de México, 2001.

"Cuba: el cambio en la política exterior", en *México en el mundo*, Planeta, México, 2002.

GUADALUPE GONZÁLEZ GONZÁLEZ

Estudios

Candidatura al Doctorado en ciencia política, Universidad de California (San Diego).

Maestría en sociología política, London School of Economics and Political Science, Reino Unido.

Licenciatura en relaciones internacionales, El Colegio de México.

Actividades académicas / profesionales

Profesora investigadora y ex directora, División de Estudios Internacionales del Centro de Investigación y Docencia Económicas (CIDE).

Miembro fundador, Consejo Mexicano de Asuntos Internacionales (COMEXI), México.

Columnista, periódico El *Excelsior*.

Áreas de interés

Política exterior comparada de América Latina, política exterior de México, teoría de las relaciones internacionales, narcotráfico y crimen organizado transnacional en las Américas, relaciones México-Estados Unidos, seguridad pública internacional, economía política y diplomacia del narcotráfico.

Publicaciones recientes

"Las bases internas de la política exterior de México: realidades y retos de la apertura económica y la democracia", en Luis Herrera-Lasso, *México ante el mundo: tiempo de definiciones*, FCE, 2006.

"México ante América Latina: mirando de reojo a Estados Unidos", en Jorge Schiavon, et.al., *Temas de la historia de las relaciones exteriores de México*, (archivo diplomático, Secretaria de Relaciones Exteriores), México, 2006.

México y el mundo. Visiones globales 2004. Opinión pública y política exterior en México, (coautor), CIDE, México, 2004.

JORGE MONTAÑO

Estudios

Doctorado en sociología política London School of Economics and Political Science, Reino Unido.

Maestría en administración pública, London School of Economics and Political Science, Reino Unido.

Licenciatura en derecho y ciencias políticas, Universidad Nacional Autónoma de México (UNAM), México.

Actividades académicas / profesionales

Director, Departamento de Sociología, Universidad Metropolitana.

Conferencista del Pacific Council de California y del Council of Foreign Relations de Chicago y Nueva York.

Profesor de Sociología política y Relaciones internacionales en la Universidad Metropolitana, Universidad

Nacional Autónoma de México, El Colegio de México y otras instituciones educativas.

Director general, Organismos Especializados de las Naciones Unidas, Secretaría de Relaciones Exteriores, 1979-1982.

Director en jefe de asuntos multilaterales, Secretaría Relaciones Exteriores, 1982-1988.

Jefe de la delegación de México en múltiples conferencias de Naciones Unidas, del Sistema Interamericano y de los Países No Alineados.

Presidente, grupo de trabajo creado por el secretario general de la ONU para realizar el cambio de la estructura administrativa de los órganos con que cuenta la organización en la lucha anti-narcóticos.

Representante de México ante las Naciones Unidas, 1989-1992.

Embajador de México en los Estados Unidos, 1993-1995.

Profesor e Investigador asociado en el Instituto Tecnológico Autónomo de México (ITAM), desde marzo de 1995.

Presidente fundador, Consejo editorial de la revista Foreign Affairs en español.

Fundador de la empresa Asesoría y Análisis, S.A. de C.V., (ofrece servicios de consultoría en México y América Latina), abril 1995.

Áreas de interés
Problemas sociológicos, políticos, económicos e internacionales.

Publicaciones recientes
"Misión en Washington".

ANTONIO ORTIZ MENA L. N.

Estudios
Doctorado en ciencia política, (especialidad en economía política internacional), Universidad de California (San Diego), 2001.

Maestría en estudios latinoamericanos (especialidad en

desarrollo económico), London School of Economics and Political Science-University College London-Institute of Latin American Studies, 1987.

Licenciatura en sociología política, Universidad Autónoma Metropolitana, Azcapotzalco, 1986.

Actividades académicas / profesionales
Director, División de Estudios Internacionales, Centro de Investigación y Docencia Económicas (CIDE), 2003 a la fecha.

Profesor investigador titular especializado en investigación, docencia y consultoría en economía política de las relaciones económicas internacionales, CIDE, 1999 a la fecha.

Director, enlace con Poderes Ejecutivo y Legislativo, miembro del equipo de traducción del TLCAN, asesor de la titular del ramo, Secretaría de Comercio y Fomento Industrial.

Participación en asuntos internos (privatización y desregulación del sector pesquero) e internacionales (relaciones México-Estados Unidos y el embargo atunero), Oficina de Negociación del TLCAN, 1991-1993, Secretaría de Pesca, 1989-1991.

Asesor de la subsecretaria de desarrollo social y regional, Secretaría de Programación y Presupuesto (SPP), 1987-1988.

Co-coordinador, proyecto UNICEF-SPP sobre los costos sociales del programa de ajuste macroeconómico en México, SPP, 1982-1988.

Áreas de interés
Instituciones y organismos internacionales, integración económica, política comercial, América Latina.

Publicaciones recientes
"Mexico's Trade Policy: Improvisation and Vision", en Vinod Aggarwal, Joseph Tulchin and Ralph Espach (eds.), *The Strategic Dynamics of Latin American Trade*, Stanford University Press-The Woodrow Wilson Center, 2004.

"Mexico", en Patrick F. J. Macrory y Arthur Appleton

(eds.), *The World Trade Organization: A Legal, Economic, and Political Analysis*, (3 tomos), Springer Publishers, Nueva York, 2005.

(Con John S. Odell), "How to Negotiate over Trade: A Summary of New Research from Developing Countries", Documento de trabajo, CDTEI-113, CIDE, 2005.

LEONEL PEREZNIETO CASTRO

Estudios

Doctorado en derecho internacional, Universidad de París, 1971.

Doctorado en derecho, Escuela nacional de administración pública de Madrid, 1970.

Estudios de diplomacia, Institut International d´Administration Publique de París.

Diplomado en estudios superiores en administración pública, Escuela Nacional de Alcalá de Henares, 1970.

Licenciado en derecho, Universidad Nacional Autónoma de México (UNAM), 1968.

Actividades académicas / profesionales

Fundador del primer posgrado en Derecho internacional privado, Universidad de Sonora, 1990.

Fundador y director académico, Área de Derecho y Ciencias Sociales, Oxford University Press México, 1980 a la fecha.

Investigador de tiempo completo, Instituto de Investigaciones Jurídicas, UNAM, 1972-1980.

Investigador nacional, a partir del 1° de julio de 1984. Actualmente nivel III, desde julio 1999.

Coordinador del programa en Relaciones internacionales, división de postgrado, UNAM, Facultad de Ciencia Política, 1981-1985.

Coordinador de investigación humanística, UNAM, 1978-1980.

Profesor de carrera de tiempo completo, UNAM, Centro de Relaciones Internacionales de la Facultad de Ciencias Políticas y Sociales, desde 1972.

Conferencista y profesor invitado en diversas universidades mexicanas y extranjeras (Universidad Central de Venezuela, Universidad Pompeu Fabra de Barcelona, Universidad de Valencia, Universidad de Santiago de Compostela, Universidad de California en Davis: Fullbright Scholar, entre otras).

Áreas de interés

Derecho internacional privado, derecho de la competencia, arbitraje comercial internacional.

Publicaciones recientes

Derecho internacional privado, parte general, 8ª. Ed., Oxford University Press, México, 2003.

Introducción al estudio del derecho, 5ª. Ed., Oxford University Press, México, 2006.

(Con Zamora, Stephen, Cossío, y otros), *Mexican Law*, Oxford University Press, New York, 2004.

JOSÉ LUIS VALDÉS UGALDE

Estudios

Doctorado en relaciones internacionales, London School of Economics and Political Science, Reino Unido, 1999.

Maestría en sociología política, London School of Economics and Political Science Reino Unido, 1988.

Licenciatura en ciencias políticas, Universidad Autónoma Metropolitana (UAM)-Iztapalapa, 1984.

Actividades académicas / profesionales

Secretario técnico para la evaluación del TLCAN, designado por el Senado de la República 1999-2000.

Director del Centro de Investigaciones sobre América del Norte (CISAN), Universidad Nacional Autónoma de México (UNAM), 2001 a la fecha.

Consejero adjunto de agenda de riesgo y enlace académico, comisionado por la UNAM, en la extinta Oficina del Consejero Presidencial de Seguridad Nacional, 2001.

Coordinador del Programa semanal de radio del CISAN en Radio UNAM, 1995-1997.

Comentarista político en el programa Enfoque, en CNN en español y en canal 11, así como articulista del periódico El Universal.

Profesor-investigador de tiempo completo en el área de estudios estratégicos, antes de Estados Unidos, del CISAN, 1994 a la fecha.

Profesor-investigador, en el Instituto de Estudios de Estados Unidos (IEEU) del Centro de Investigación y Docencia Económicas (CIDE), 1983-1992.

Profesor de Historia y política exterior de Estados Unidos, Economía política, Teoría sociológica clásica, Teoría de las relaciones internacionales y Teoría política. En México (UNAM, la UAM, el ITAM, CIDE) y en Estados Unidos (Penn State University y Ohio University) durante los años 1980 y 1990.

Profesor visitante en el Departamento de Relaciones Internacionales de la LSE, el Instituto de Estudios de las Américas (Londres) , la University of Westminster y Kings Collage, 1987-1992.

Áreas de interés

Estudios internacionales, en particular, estadounidenses y norteamericanos. Política exterior de Estados Unidos y la transición política latinoamericana, globalización, integración comercial y problemas de seguridad nacional.

Publicaciones recientes

(Con Imtiaz Hussain), By Other Means. For Other Ends? Bush's Reelection Reassessed, 2006.

Estados Unidos: Intervención y poder mesiánico, La Guerra Fría en Guatemala, 1954, 2004.

(Con Diego Valadés), Globalidad y conflicto. Estados Unidos y la crisis de septiembre, 2002, (reeditado en 2005).

GUSTAVO VEGA CÁNOVAS

Estudios

Doctorado en ciencia política, Universidad de Yale.

Maestría en ciencia política, Universidad de Yale.

Estudios de maestría en ciencia política, El Colegio de México.

Licenciatura en derecho, Universidad Nacional Autónoma de México (UNAM).

Actividades académicas / profesionales

Director, Centro de Estudios Internacionales, El Colegio de México, a partir de enero del 2006.

Coordinador, Programa interinstitucional de estudios sobre la región de América del Norte (PIERAN), enero-septiembre 2003.

Miembro de la lista de expertos nombrados por el gobierno de México para servir de panelista (árbitro) en la revisión de disputas en materia de antidumping y subvenciones compensatorias de acuerdo con el capítulo XIX del Tratado de Libre Comercio de América del Norte, 1995-2005. En este periodo participó en cinco paneles binacionales dentro de este capítulo y en cuatro de ellos fue nombrado presidente.

Profesor visitante, Universidad de Yale, Departamento de Ciencia Política, enero-abril 2004.

Profesor visitante, Universidad de Brown, Watson Institute for International Studies, 2001-2002.

Profesor visitante y director asociado, Centro de Estudios de América del Norte, Universidad de Duke, enero-mayo 1998 y enero-mayo 1999.

Profesor visitante, Universidad de Yale, Departamento de Ciencia Política, enero-abril 1996.

Profesor visitante, Universidad de Brown, Watson School of International Affairs, enero -abril 1996.

Áreas de interés

Repercusiones de los atentados del 11 de septiembre en el futuro del TLCAN y la evolución de las instituciones para resolver disputas y avanzar los procesos de cooperación en la región de América del Norte.

Publicaciones recientes

(Con Alejandro Posadas, Gilbert Winham y Frederick Mayer), México, Estados Unidos y Canadá. La resolución de controversias en la era post-Tratado de Libre Comercio de América del Norte, UNAM-El Colegio de México-Programa interinstitucional de estudios de la región de América del Norte, México, 2005.

"The future of Mexican-U.S. economic relations: is the
EU a model for North America?", en Joaquín Roy and
Roberto Domínguez (eds.), *The European Union and Re-
gional Integration: A Comparative Perspective and Lessons for
the Americas*, Jean Monnet Chair University of Miami,
Miami, octubre 2005.

JAIME ZABLUDOVSKY

Estudios
Doctorado en economía, Universidad de Yale, 1979-1984.
Maestría en economía, Universidad de Yale, 1979-1984.
Licenciatura en economía, Instituto Tecnológico Autóno-
mo de México (ITAM), 1973-1978.

Actividades académicas / profesionales
Embajador de México ante la Unión Europea y Jefe de
la negociación del Tratado de Libre Comercio entre
México y la Unión Europea, 1999-2000.
Subsecretario, Subsecretaría de Negociaciones Comercia-
les Internacionales, Secretaría de Comercio y Fomen-
to Industrial (SECOFI), 1995-1998.
Coordinador general, Subsecretaría de Negociaciones
Comerciales Internacionales, SECOFI, 1993-1994.
Subjefe de la negociación del Tratado de Libre Comercio
de América del Norte (TLCAN), SECOFI, 1990-1993.
Director general, Política de Comercio Exterior, SECOFI,
1989-1990.
Economista, Comité de asesores económicos de la Presi-
dencia de la República, 1985-1988.

Áreas de interés
Comercio internacional, tratados internacionales y competitividad.

ÁREA ECONOMÍA

JUAN PABLO ARROYO ORTIZ

Estudios

Licenciatura en economía, Universidad Nacional Autónoma de México (UNAM), 1968-1972 (mención honorífica en el examen profesional).

Especialización en el Programa Regional de Empleo de América Latina y del Caribe de la OIT- CEPAL, Empleo y satisfacción de necesidades básicas, Santiago de Chile, 1980.

Actividades académicas / profesionales

Director, Facultad de Economía, UNAM, 1990-1998.

Presidente, Colegio Nacional de Economistas, 1999-2000.

Director, Consejo Académico de Ciencias Sociales, UNAM, 1997-1999.

Presidente de la AFEIEAL 1978-1986 y 1997-1999 y de la ANIDIE 1993-1998 (organizaciones de la escuela y facultades de economía a nivel latinoamericano y nacional).

Responsable de la coordinación del Área de las ciencias económico-administrativas del Centro Nacional de Evaluación para la Educación (CENEVAL), 2003-2006.

Profesor titular B de tiempo completo, Facultad de Economía de la UNAM, 1973 a la fecha. Cursos: Historia económica y Economía mexicana.

Consultor en evaluación de programas sociales, en certificación de conocimientos y acreditación de programas académicos.

Áreas de interés

Evaluación de programa y proyectos sociales, historia económica contemporánea y del pensamiento económico, evaluación y certificación de conocimientos.

Publicaciones recientes

"Pensamiento económico en el último tercio del siglo XX en México", en María Eugenia Romero Sotelo (coordinadora), *Historia del Pensamiento Económico de México*, Editorial Trillas, 2005.

Mercados rurales en zonas de extrema pobreza, CD, INDESOL-Facultad de Economía, 2004.

Editorialista para Organización Editorial Mexicana, *El Sol de México*, 2000 a la fecha.

VICENTE CORTA

Estudios

Maestría en derecho, Warwick University, Inglaterra, 1993-1994.

Licenciatura en derecho, Universidad Iberoamericana (UIA), 1984-1988.

Actividades académicas / profesionales

Presidente, Comisión del Sistema Nacional de Ahorro y Retiro, 2001-2003.

Secretario ejecutivo, IPAB, 1999-2000.

Director general, Banca y Ahorro, Secretaría de Hacienda y Crédito Público, 1998-1999.

Áreas de interés

Derecho y regulación financiera.

Publicaciones recientes

"El sistema de pensiones mexicano a cuatro años de la reforma de la seguridad social", *El Mercado de Valores*, mayo 2002.

PABLO COTLER

Estudios

Doctorado en economía, Boston University, 1992.

Maestría en economía política, Boston University, 1990.

Licenciatura en economía, Pontificia Universidad Católica del Perú, 1984.

Actividades académicas / profesionales

Profesor invitado, Universidad de California, San Diego, Departamento de Economía, 2005.

Investigador, Center for US-Mexican Studies, Universidad de California (San Diego), 2004-2005.

Profesor titular, Universidad Iberoamericana (UIA), Departamento de Economía, agosto 1998 a la fecha.

Profesor titular, Instituto Tecnológico Autónomo de México (ITAM), Departamento de Economía, 1992-1998.

Asesor, Subsecretaría de Egresos, Secretaria de Hacienda y Crédito Público, 1998- 1999.

Consultor, Agencia Internacional para el Desarrollo del Gobierno de los Estados Unidos de Norteamérica (USAID), trabajo llevado a cabo en Honduras durante el mes de julio: 1995 al 2003.

Miembro, Comité Dictaminador, revista El Trimestre Económico, 1995-2001.

Áreas de interés

Sistema financiero, banca de desarrollo y microfinancieras, teoría macroeconómica, política monetaria, desarrollo económico.

Publicaciones recientes

"The Bank Rescue and its Impact on the Loan Portfolio. The Case of Mexico", Documento de investigación, IDSES, UIA, 2004.

Las entidades microfinancieras del México urbano, UIA, México D.F., 2003.

"Government Policy Multiplier, Uncertainty and Financial Intermediation: Testing the New Keynesian Theory", *Estudios Económicos*, 15:2, El Colegio de México, julio-diciembre del 2000.

ENRIQUE DUSSEL PETERS

Estudios

Doctorado en economía, Universidad de Notre Dame, 1996.

Licenciatura y Maestría, Universidad Libre de Berlín, 1989.

Actividades académicas / profesionales

Profesor e Investigador, División de Estudios de Postgrado, Facultad de Economía, Universidad Nacional Autónoma de México (UNAM).

Investigador nivel III, Sistema Nacional de Investigadores, desde 2003.

Miembro, División de Estudios de Posgrado, Facultad de Economía, UNAM, 1993.

Coordinador, Centro de Estudios China-México, UNAM, 2006.

Áreas de interés

Sus publicaciones y cursos han despertado interés nacional e internacionalmente en temas sobre comercio, manufactura y desarrollo regional de México, Centroamérica y América Latina lo que ha permitido un debate sobre temáticas nuevas. Destacarían entre sus principales resultados una lectura analítica y renovada de la crítica a la economía política, diversos desarrollos conceptuales sobre el proceso de globalización y la competitividad en espacio y tiempo, y la generación de condiciones endógenas y territoriales en el desarrollo socioeconómico. En el ámbito empírico la investigación se ha concentrado en los patrones de especialización territoriales, productivos y comerciales de México, Centroamérica y América Latina, con énfasis en temas como las importaciones temporales para su exportación y la conformación de nuevas estructuras industriales y económicas en múltiples territorios. Otras áreas de estudio han abarcado temas como el Tratado de Libre Comercio de América del Norte (TLCAN), las condiciones y retos de las micro, pequeñas y medianas empresas, la inversión extranjera, así como las características industriales, del empleo y salario. Desde 2003 su investigación se ha concentrado crecientemente en las oportunidades y retos económicos que implica la República Popular de China para América Latina, Centroamérica y México.

Publicaciones recientes

Polarizing Mexico. The Impact of Liberalization Strategy, Lynne & Rienner, Boulder/Londres, 2000.

(Coordinado con Juan José Palacios Lara), *Condiciones y retos de la electrónica en México*, Normalización y Certificación Electrónica A.C. (NYCE), México, 2004.

"Economic Opportunities and Challenges Posed by China for Mexico and Central America", Deutsches Institut für Entwicklung/German Development Institute, Bonn, Alemania, 2005.

LUIS MIGUEL GALINDO PALIZA

Estudios

Doctorado en economía, Universidad de Newcastle Upon Tyne, Inglaterra,1991-1994.

Maestría en ciencias en métodos cuantitativos para el desarrollo, Universidad de Warwick, Inglaterra, 1990-1991.

Maestría en economía, Centro de Investigación y Docencia Económicas (CIDE), 1983-1985.

Licenciatura en economía, Universidad Nacional Autónoma de México (UNAM), 1978-1982.

Actividades académicas / profesionales

Profesor tiempo completo, UNAM, Facultad de Economía.

Profesor de diversas universidades nacionales y extranjeras y consultor financiero y ambiental de diversos organismos nacionales e internacionales.

Áreas de interés

Economía monetaria y financiera y economía ambiental aplicada.

Publicaciones recientes

(Con D.R. Heres y L Sánchez), "Tráfico inducido en México: contribuciones al debate e implicaciones de política pública", *Estudios Demográficos y Urbanos*, 21:1, enero-abril, 2006.

"Short and Long Run Demand for Energy in México: A Cointegration Approach", *Energy Policy*, 33, 2005.

(Con L. Sánchez), "El consumo de energía y la economía mexicana: un análisis empírico con VAR", *Economía mexicana*, Nueva Época, XIV:2, segundo semestre, 2005.

(Con H. Catalan), "Applied Econometric Methods and Monetary Policy: Empirical Evidence from the Mexican Case", en J. Leskow, M Puchet y L. Punzo (eds.), *New Tools of Economic Dynamics, Lectures Notes in Economics and Mathematical Systems*, Springer, 2005.

PASCUAL GARCÍA ALBA IDUÑATE

Estudios

Doctorado en economía, Universidad de Yale, 1975-1978.

Maestría en economía, El Colegio de México, 1973-1975.

Licenciatura en ingeniería industrial, Instituto Tecnológico Regional de la Laguna, 1968-1972.

Actividades académicas / profesionales

Profesor e Investigador de tiempo completo, Escuela de Graduados en Administración y Políticas Públicas, Instituto Tecnológico y de Estudios Superiores de Monterrey (ITESM), campus Ciudad de México.

Director, Centro de Investigación sobre Regulación y Competencia Económica, ITESM.

Comisionado, Comisión Federal de Competencia, 1993-2005.

Profesor investigador de tiempo completo, El Colegio de México, 1978-1979, 1983-1984 y 1993-1998.

Profesor investigador de medio tiempo, Universidad Autónoma Metropolitana (UAM)-Azcapotzalco, (durante varios lapsos).

Profesor en el Instituto Tecnológico Autónomo de México (ITAM) y la UNAM en distintas fechas.

Asesor, Secretaría de Patrimonio y Fomento Industrial, 1978-1980.

Asesor, Secretaría de Hacienda y Crédito Público, 1980-1982.

Director coordinador de política económica y social, Secretaría de Programación y Presupuesto, 1983.

Asesor del Presidente de la República, 1985-1987.

Director general de política económica y social, Secretaría de Programación y Presupuesto, 1987-1988.

Subsecretario, Subsecretaría de Planeación del Desarrollo y de Control Presupuestal, Secretaría de Programación y Presupuesto, 1988-1992.

Subsecretario de coordinación educativa, Secretaría de Educación Pública, 1992-1993.

Asesor del Presidente de la República, 1985-1987.

Publicaciones recientes

"Regulación y competencia", en *Comisión Federal de Competencia, Competencia Económica en México*, Editorial Porrúa, 2004.

"Globalization and the Development of Competition Framework", *International Competition Law Series*, 15, Editorial Kluwer Law International, 2004.

"Doctrina Bush del ataque preventivo", en *México en el mundo*, primer tomo de *El Nuevo Milenio Mexicano*, EON, México, 2004.

MANUEL GOLLÁS

Estudios

Doctorado en economía, Wisconsin University, 1970.

Actividades académicas/ profesionales

Miembro del Sistema Nacional de Investigadores, nivel II.

Áreas de Interés

Crecimiento y desarrollo económico de México.

Publicaciones recientes

"La economía mexicana entre dos siglos", en Lorenzo Meyer e Ilán Bizberg (comps.), *Una visión del México*

contemporáneo, IV, Ed. Océano, México, 2002.

"El gobierno en el desarrollo económico de México", *Foro Internacional*, 40, enero-marzo, 2000.

"La movilidad del ahorro y la inversión en México", *Estudios Económicos*, 14:2, 1999.

México 1994: una economía sin inflación, sin igualdad y sin crecimiento, documento de trabajo, XI-1994, CEE, El Colegio de México, 1994.

(Con Óscar Fernández), "El subempleo sectorial en México", *El Trimestre Económico*, FCE, 1993.

"Coyuntura y perspectivas de la economía mexicana", *Coyuntura económica latinoamericana*, Bogotá, Colombia, diciembre 1990.

JONATHAN HEATH

Estudios

Doctorado en economía, Universidad de Pennsylvania (tesis pendiente), 1978-1981.

Maestría en economía, Universidad de Pennsylvania, 1978-1979.

Licenciatura en economía, Universidad Anáhuac, 1974-1978.

Actividades académicas / profesionales

Head of Research y Chief Economist, HSBC México, 2004 a la fecha.

Chief Economist, LatinSource México (empresa de consultoría económica, miembro de una red de análisis económico independiente con representación en Argentina, Brasil, Chile, Colombia, Ecuador, Panamá, Perú y Venezuela), 1995-2004.

Director general y Chief Economist, Macro Asesoría Económica, S.C. (empresa de consultoría económica perteneciente al Grupo Financiero Serfin), 1987-1994.

Director ejecutivo de análisis económico y bursátil (Chief Economist), Grupo Financiero Serfin, 1992-1994.

Director de operaciones, Departamento de Investigación Econométrica de México (CIEMEX-WEFA), Wharton Econometric Forecasting Associates, 1983-1987.

Subdirector de análisis macroeconométrico, Dirección

General de Política Económica y Social, Secretaria de Programación y Presupuesto, 1981-1983.

Experiencia docente

Universidad Anáhuac: profesor del seminario Políticas públicas, 1991-2005. Coordinador del seminario Análisis de la coyuntura mexicana, 1994, y coordinador del Diplomado en econometría aplicada, 1989-1990.

Universidad Panamericana (UP): profesor de los seminarios Perspectivas de la economía mexicana, Historia económica de México del siglo XX, Economía aplicada, Política económica de México, y Estructura económica de México, entre 1995 y 2005.

Instituto Tecnológico y de Estudios Superiores de Monterrey (ITESM): profesor del Seminario integrador (licenciatura y maestría), campus Ciudad de México, 2004.

Universidad Iberoamericana (UIA): profesor del seminario Historia económica de México del siglo XX , 2004.

Profesor del Seminario especial sobre la construcción, uso y mantenimiento de modelos macroeconométricos, Dirección de Investigación Económica de la Dirección General de Planeación Hacendaria, Secretaría de Hacienda y Crédito Público, 1983.

Conferencista invitado en New York University, University of Texas, University of Southern California, Foreign Service Institute (U.S. State Department), American Graduate School of International Management (Thunderbird), UIA, Universidad Nacional Autónoma de México, ITAM, Universidad Autónoma Metropolitana (UAM), Universidad Anáhuac, UP, Universidad de las Americas, ITESM, Universidad del Valle de México, Universidad de Colima, entre otras, 1982 a la fecha.

Áreas de interés

Economía mexicana y sus perspectivas, economía monetaria e internacional.

Publicaciones recientes

"Are Further Reforms Necessary?", en Armand Peschard and Sara Rioff (eds.), *Mexican Governance: From Single Party Rule to Divided Government*, Significant Issues Series, Center for Strategic and International Studies, Washington, D.C., 2005.

"Instrumentos de Política Monetaria en México", en Fernando Chávez (comp.), *Moneda y régimen cambiario en México: contribuciones a un debate de política económica*, Universidad Autónoma Metropolitana-Azcapotzalco, 2003.

"Desaceleración, recesión o crisis", Economía Teoría y Práctica, *Nueva Época*, 15, Universidad Autónoma Metropolitana, 2001.

FAUSTO HERNÁNDEZ TRILLO

Estudios

Doctorado en economía, Universidad del Estado de Ohio, 1991.

Maestría en economía, Universidad del Estado de Ohio, 1987.

Licenciatura en economía, Universidad Nacional Autónoma de México (UNAM), 1985.

Licenciatura en administración, Universidad Autónoma Metropolitana, 1983.

Actividades académicas / profesionales

Investigador, Centro de Investigación y Docencia Económicas (CIDE), División de Economía, 1996 a la fecha.

Visiting Chair, Center for the Study of Western Hemisphere Trade, University of Texas at Austin, 2001.

Asesor externo, Servicio de Administración Tributaria, Secretaría de Hacienda y Crédito Público, 1999-2000.

Director y Profesor investigador, División de Economía, CIDE, 1998-2000.

Asesor externo del subsecretario de egresos, Secretaría de Hacienda y Crédito Público, 1996-1998.

Director general adjunto, Unidad de Política y Control Presupuestal, Secretaría de Hacienda y Crédito Público, 1995.

Especialista de investigación y desarrollo, Bolsa Mexicana de Valores, 1994-1995.

Profesor-investigador, Universidad de las Américas-Puebla, 1991-1994.

Asesor externo del secretario de comercio y fomento industrial, 1992-1993.

Instructor de economía, Universidad Estatal de Ohio, 1986-1991.

Asesor, Asociación Rural de Interés Colectivo "Libertad", 1985-1986.

Colaborador del periódico El Día, 1985-1986.

Jefe del Departamento de Estudios Económicos, Coordinación General de Transporte, Departamento del Distrito Federal, 1983-1985.

Áreas de interés

Macroeconomía, finanzas, estudios del sistema financiero, deuda pública nacional y estatal.

Publicaciones recientes

(Con Juan Manuel Torres Rojo), "Definición de responsabilidades, rendición de cuentas y eficiencia presupuestaria en México", *Revista Mexicana de sociología*, 68:1, 2006.

(Con José Pagán y Julia Paxton), "Start Up Capital and technical Efficiency in Microentreprises in Mexico", *Review of Development Economics*, E.E.U.U., agosto 2005.

(Con Kevin Grier), "The Real Exchange Rate and its Real Effects: The Cases of Mexico and the USA", *Journal of Applied Economics*, VII, Argentina, 2004.

LORENZA MARTINEZ TRIGUEROS

Estudios

Doctorado en economía (especialidad en economía internacional y organización industrial), Massachussets Institute of Technology (MIT), Graduate School of Arts and Sciences, 1991-1996.

Licenciatura en economía, Instituto Tecnológico Autónomo de México (ITAM), 1986-1990.

Actividades académicas / profesionales

Profesora investigadora de economía, CIE, ITAM, 2005 a la fecha.

Directora, Dirección de Estudios Económicos, Banco de México, 2004-2005. Funciones: Coordinación del área encargada de realizar proyectos de investigación. Desarrollo del modelo macroeconómico para pronosticar mensualmente la inflación. Elaboración de notas de temas económicos diversos y presentación de éstas ante la Junta de Gobierno. Actualización del modelo y presentación mensual a la Junta de Gobierno de los principales resultados e implicaciones de éstos. Elaboración de presentaciones para la participación de los miembros de la Junta de Gobierno en foros diversos. Coordinación del equipo encargado de definir y desarrollar el contenido económico del primer museo de economía, el cual está siendo desarrollado por el Banco de México.

Áreas de interés

Mercados financieros, desarrollo económico, economía internacional y economía monetaria.

Publicaciones recientes

"La política cambiaria y monetaria en México: Lecciones de una década de flotación cambiaria.", *Información Comercial Española*, 821, marzo-abril 2005.

(Con Roberto Romero Hidalgo), "La importancia de la definición de los derechos de propiedad en el efecto de los tratados de libre comercio sobre la inversión extranjera directa", julio 2004.

(Con Roberto Romero Hidalgo), "The Role of Property Rights Protection on the Effect of Free Trade Agreements on Foreign Direct Investment", primer lugar de la Quinta Conferencia Anual de la Red Global de Desarrollo (GDN), enero 2004.

FERNANDO JOSÉ SALAS

Estudios

Doctorado en economía, Universidad de Stanford, 1990.

Licenciatura en economía, Instituto Tecnológico Autónomo de México (ITAM), 1980.

Actividades académicas / profesionales

Profesor de asignatura, Licenciatura en economía, ITAM.

Miembro del Departamento de Investigación del Banco de México.

Miembro del Consejo de Asesores Económicos del Presidente durante la administración de Miguel De La Madrid.

Miembro del grupo negociador mexicano del TLCAN, 1991-1994.

Subsecretario de la COFEMER durante la administración de Ernesto Zedillo, 1994-2000.

Miembro fundador de Soles Consulting.

Trabajos realizados para el Consejo Mexicano de Negocios.

Áreas de interés

Microeconomía aplicada, organización industrial, historia económica, negociaciones comerciales en América del Norte, economía internacional, privatizaciones.

Ha trabajado en introducir principios de base de la transparencia procesal y del análisis razonado económico a las medidas legales propuestas por el Ejecutivo federal. Tiene una comprensión de la ley mexicana y ha contribuido en varias reformas. Bosquejó y negoció para México el Acuerdo Lateral Ambiental, así como el capítulo del Banco de Desarrollo Norteamericano del TLCAN. También ayudó a negociar el capitulo de servicios financieros.

Publicaciones recientes

"Un intento de medir la eficiencia en la información cuando hay costos de transferencia: el caso del jitomate", (Mención honorífica del Premio Banamex de Economía), 1981.

Coautor de "Cross-selection rules for NAFTA's dispute resolution panels".

BENITO SOLÍS MENDOZA

Estudios

Maestría en economía, Universidad de Yale, 1978.

Cursos de especialización, Université de Grenoble, 1979, y en UCLA.

Licenciatura en economía, Instituto Tecnológico Autónomo de México (ITAM), 1972-1976.

Actividades académicas / profesionales

Director del despacho de asesoría financiera Benito Solís y Asociados, 2006.

Director general, Moody's de México, 2001-2005.

Director de investigación económica y análisis bursátil, Grupo Financiero MultiValores, 1992-2000.

Director general, Instituto Mexicano de Ejecutivos de Finanzas (IMEF), 1985-1990.

Subdirector de estudios especiales y análisis sectorial, Centro de Estudios Económicos del Sector Privado (CEESP), 1980-1985.

Asesor en materia económica y financiera de varias empresas en México, Venezuela y Estados Unidos.

Catedrático en el ITAM y en la Universidad Panamericana (UP), 1980-1990.

Editorialista de El Financiero, a partir de 1993.

Invitado frecuente a diversos programas de radio y televisión como comentarista de temas económicos y financieros.

Publicaciones recientes

(Con Federico Kaises), *México hacia la Globalización*, Diana, México.

Columna semanal en el periódico El Financiero.

KURT UNGER

Estudios

Doctorado en economía, University of Sussex, Gran Bretaña, 1984.

Maestría en economía, University of Sussex, Gran Bretaña, 1974.

Maestría en Administración (M.A.), Instituto Tecnológico y de Estudio Superiores de Monterrey (ITESM), 1969.

Licenciatura en economía, ITESM, 1967.

Actividades académicas / profesionales

Profesor investigador, Centro de Investigación y Docencia Económicas (CIDE), 1995 a la fecha.

Director de asuntos académicos, CIDE, 1990-1995.

Profesor investigador, Centro de Estudios Económicos, El Colegio de México, 1980-1990.

Investigador visitante, Center for U.S.-Mexican Studies, University of California, San Diego, (año sabático de El Colegio de México), 1988-1989.

Jefe de un grupo investigando la transferencia de tecnología e inversión extranjera para la Secretaría de Industria de México, CIDE, 1979.

Profesor investigador, Escuela de Graduados en Negocios y Departamento de Economía, ITESM, 1974-1977.

Oficial de presupuesto, Secretaría de Finanzas, gobierno del estado de Sinaloa, 1970-1972.

Áreas de interés

Tecnología y competitividad internacional, organización industrial aplicada, migración, economía mexicana.

Publicaciones recientes

The Globalization of the Mexican Innovation System and the Role of Foreign Technology, Pinter Publishers, Londres, 2000.

(Con G.Verduzco), *El desarrollo de las regiones de origen de los migrantes: experiencias y perspectivas*, CONAPO-SRE, México, 2000.

"Mexico's National Innovation System in the 1990s: Overview and Sectoral Effects", en Robert Anderson, et.al. (eds.), *Innovation Systems in a Global Context*. The North American Experience, McGill-Queen`s University Press, Canada.

JAIME ZABLUDOVSKY

Estudios

Doctorado en economía, Universidad de Yale, EE.UU., 1979-1984.

Maestría en economía, Universidad de Yale, EE.UU., 1979-1984.

Licenciatura en economía, Instituto Tecnológico Autónomo de México (ITAM), 1973-1978.

Actividades académicas / profesionales

Embajador de México ante la Unión Europea y Jefe de la negociación del Tratado de Libre Comercio entre México y la Unión Europea, 1999-2000.

Subsecretario, Subsecretaría de Negociaciones Comerciales Internacionales, Secretaría de Comercio y Fomento Industrial (SECOFI), 1995-1998.

Coordinador general, Subsecretaría de Negociaciones Comerciales Internacionales, SECOFI, 1993-1994.

Subjefe de la negociación del Tratado de Libre Comercio de América del Norte (TLCAN), SECOFI, 1990-1993.

Director general, Política de Comercio Exterior, SECOFI, 1989-1990.

Economista, Comité de asesores económicos de la Presidencia de la República. 1985-1988.

Áreas de interés

Comercio internacional, tratados internacionales y competitividad.

ÁREA SOCIAL

JUAN PABLO ARROYO ORTIZ

Estudios

Licenciatura en economía, Universidad Nacional Autónoma de México (UNAM), 1968-1972 (mención honorífica en el examen profesional).

Especialización en el Programa Regional de Empleo de América Latina y del Caribe de la OIT- CEPAL, Empleo y satisfacción de necesidades básicas, Santiago de Chile, 1980.

Actividades académicas / profesionales

Director, Facultad de Economía, UNAM, 1990-1998.

Presidente, Colegio Nacional de Economistas, 1999-2000.

Director, Consejo Académico de Ciencias Sociales, UNAM, 1997-1999.

Presidente de la AFEIEAL 1978-1986 y 1997-1999 y de la ANIDIE 1993-1998 (organizaciones de la escuela y facultades de economía a nivel latinoamericano y nacional).

Responsable de la coordinación del Área de las ciencias económico-administrativas del Centro Nacional de Evaluación para la Educación (CENEVAL), 2003-2006.

Profesor titular B de tiempo completo, Facultad de Economía de la UNAM, 1973 a la fecha. Cursos: Historia económica y Economía mexicana.

Consultor en evaluación de programas sociales, en certificación de conocimientos y acreditación de programas académicos.

Áreas de interés

Evaluación de programa y proyectos sociales, historia económica contemporánea y del pensamiento económico, evaluación y certificación de conocimientos.

Publicaciones recientes

"Pensamiento económico en el último tercio del siglo XX en México", en María Eugenia Romero Sotelo (coordinadora), *Historia del Pensamiento Económico de México*, Editorial Trillas, 2005.

Mercados rurales en zonas de extrema pobreza, CD, INDESOL-Facultad de Economía, 2004.

Editorialista para Organización Editorial Mexicana, *El Sol de México*, 2000 a la fecha.

RODOLFO DE LA TORRE

Estudios

Maestría en economía, Universidad de Oxford, 1981-1983.

Licenciatura en economía, Instituto Tecnológico Autónomo de México (ITAM), 1976-1980.

Actividades académicas / profesionales

Director, Instituto de Investigaciones sobre Desarrollo Sustentable y Equidad Social, Universidad Iberoamericana Ciudad de México (UIA), 2003 a la fecha.

Profesor investigador de tiempo completo, Departamento de Economía, UIA, 1998 a la fecha.

Consultor del Banco Mundial, 2000 a la fecha.

Coordinador nacional del proyecto Reconstruir las Ciudades para Superar la Pobreza, UIA-Banco Mundial, 2000-2001.

Profesor, Centro de Investigación y Docencia Económicas (CIDE), 1999.

Coordinador nacional del proyecto "Reforma económica y cambio social en América Latina y el Caribe", UIA-Universidad Javeriana-Fundación Ford, 1998-1999.

Consultor de la Comisión Económica para América Latina y el Caribe (CEPAL), 1998-1999.

Investigador del proyecto "Crecimiento, Empleo y Equidad: América Latina en los Años Noventa", CEPAL,
1997-1998.

Investigador del proyecto "LICONSA ante las Alternativas para el Combate a la Pobreza", ITAM-LICONSA,
1996.

Profesor, Facultad de Economía, Universidad Nacional
Autónoma de México, 1995-1996.

Investigador del proyecto "Impacto Social de la Distribución de Leche LICONSA", ITAM-LICONSA , 1995.

Profesor de tiempo completo, Departamento de Economía, ITAM, 1994-1997.

Investigador del proyecto "Pertinencia de la Ubicación de
las Tiendas DICONSA", ITAM-DICONSA, 1994.

Director de la serie Lecturas de El Trimestre Económico,
Fondo de Cultura Económica, 1994 a la fecha.

Editor del Informe Mensual sobre la Economía Mexicana,
Centro de Análisis e Investigación Económica, ITAM
(1991-1996).

Consultor del Banco Mundial, proyecto "El Subsector
Forestal en México: Políticas y Estructura de Incentivos", 1993.

Coordinador e investigador del proyecto "Indicadores
de Pobreza para Orientar la Localización de Tiendas
DICONSA", ITAM-CONASUPO-DICONSA, 1993.

Editor de los documentos de trabajo, Departamento Académico de Economía, ITAM, 1992-1996.

Subdirector del Centro de Análisis en Investigación Económica (CAIE), ITAM, 1991.

Investigador del proyecto "Desigualdad en la Distribución
de la Tierra entre Ejidatarios en México", ITAM-Se-
cretaría de Agricultura y Recursos Hidráulicos, 1991.

Investigador del proyecto "Determinantes de la Productividad Agraria", ITAM-SARH, 1990-1991.

Coordinador e investigador del proyecto "Metodología
de Investigación del Comercio Interior", ITAM-Fon-
do para el Desarrollo Comercial (FIDEC)-Banco de
México, 1990.

Áreas de interés

Economía, política social y combate a la pobreza, medición de la pobreza, desigualdad y desarrollo humano.

Publicaciones recientes

"La distribución factorial del ingreso en el nuevo modelo
económico en México", Documento CEPAL, Serie
Reformas Económicas N. 58, marzo, 2000.

"Mexique: Inégalité, Pauvreté, et Polarisation Sociale",
Problemes d´Amerique Latine, 27, Oct.-dic., 1997.

"Indicadores de desarrollo regional con información
limitada", en G. Martínez (compilador), *Pobreza y Política Social en México*, Lecturas de El Trimestre Económico 85, Fondo de Cultura Económica, 1997.

MARIO LUIS FUENTES ALCALÁ

Estudios

Maestría en políticas públicas y planeación, Universidad
de la Haya, Instituto de Estudios Sociales.

Licenciatura en economía, Instituto Tecnológico Autónomo de México (ITAM).

Actividades académicas / profesionales

Miembro del Consejo Consultivo, UNICEF, México.

Vicepresidente de Centros de Integración Juvenil, A.C.

Articulista del periódico *Milenio Diario*.

Profesor de posgrado, Facultad de Ciencias Políticas y
Sociales, Universidad Nacional Autónoma de México
(UNAM).

Director general del Instituto Mexicano del Seguro Social
(IMSS).

Director general del Sistema Nacional para el Desarrollo
Integral de la Familia (DIF).

Director general del Consejo Nacional de Fomento Educativo (CONAFE).

Director general de programación y presupuesto regional
(SPP).

Director general de coordinación y concertación social
(PRONASOL-SPP).

Áreas de interés

Políticas públicas, servicios de asistencia, grupos vulnerables, derechos de la infancia.

Publicaciones recientes

La Asistencia Social en México: Historia y Perspectivas, Ed. Paideia, México, 2000.

La Reforma del Estado Mexicano, Ed. Diana, México, 1996.

ALEJANDRO GUEVARA SANGUINÉS

Estudios

Doctorado en economía del desarrollo, Universidad Autónoma de Madrid, 1994-1995.

Maestría en políticas públicas, Universidad de California (Berkeley), 1995-1997.

Maestría en economía del desarrollo, University of East Anglia, 1991-1992.

Licenciatura en economía, Instituto Tecnológico Autónomo de México (ITAM), 1984-1988.

Actividades académicas

Profesor investigador de tiempo completo, Departamento de Economía, Universidad Iberoamericana (UIA), 1998 a la fecha.

Coordinador del Programa de investigación en medio ambiente y desarrollo sustentable, Departamento de Economía, UIA, 1999 a la fecha.

Coordinador del Subsistema en medio ambiente de las carreras de iencias políticas y relaciones internacionales, 1999 a la fecha.

Profesor investigador, Centro de Estudios Económicos, El Colegio de México, 1992-1994.

Profesor de asignatura (microeconomía y macroeconomía intermedia), Departamento de Economía, ITAM, 1990-1991.

Investigador, cátedra de economía agrícola, ITAM, SARH, y Secretaría de la Presidencia, 1990- 1991.

Áreas de interés

Economía ambiental, economía agrícola y de recursos naturales, economía del desarrollo, políticas públicas.

Publicaciones recientes

(Con Antonio Yúnez-Naúde), "Evaluación socioeconómica de los proyectos comunitarios en el ámbito de los PRODERES: Esencia, métodos y resultados preeliminares", en Toledo y A.Bartra (coordinadores), *Del Círculo Vicioso al Circulo Virtuoso; Cinco Miradas al Desarrollo Sustentable de las Regiones Marginadas*, Plaza y Valdés, México, 2000.

(Con Carlos Muñoz), *Agenda para la Aplicación de Planes Verdes en la Política Ambiental de México*, SEMARNAP, 2000.

"Manual para la Evaluación de Impactos sobre el Abatimiento de la Pobreza como efecto de la Inversión en Proyectos ambientales en Pequeñas Poblaciones Rurales", *Serie de Documentos de Trabajo*, S00-03, Departamento de Economía, UIA, 2000.

"La Inversión Ambiental y su Impacto sobre la Pobreza de los Productores Rurales. El Caso de la S.S.S. de Labor de Santa Lucía, Sonora", en A. Yúnez-Náude (coordinador), *Los Pequeños Productores Rurales en México: Las Reformas y las Opciones*, El Colegio de México-Fundación Konrad Adenauer, México, 1999.

ANA LUISA GUZMÁN

Estudios

Master en dirección estratégica y gestión de la innovación, Universidades Carlos III de Madrid y Autónoma de Barcelona, España.

Programa de Dirección de Empresas del IPADE.

Especialización en Comunicación Escrita de la Ciencia en la Universidad de Cornell, Nueva York.

Maestría en Física (Biofísica), Universidad Nacional Autónoma de México (UNAM).

Licenciatura en Física, Facultad de Ciencias de la UNAM y Universidad de California (Berkeley).

Actividades académicas / profesionales

Secretaria ejecutiva, Comisión Na-cional para el Conocimiento y Uso de la Biodiversidad (CONABIO), abril 2005 a la fecha.

Directora de evaluación de proyectos, CONABIO, 1992-2005.

Coordinadora del Programa de Información, Centro Universitario de Comunicación de la Ciencia, UNAM.

Jefa del Departamento de Selección de Becarios, CONACYT.

Vocal ejecutiva, Academia Mexicana de Ciencias.

Profesora visitante, Universidad Complutense de Madrid.

Asesora del Presidente del Instituto Nacional de Ecología.

Profesora del posgrado en ciencias biológicas y biomédicas, UNAM.

Áreas de interés

Estudios sobre la biodiversidad en México.

MARÍA DE LA PAZ LÓPEZ BARAJAS

Estudios

Maestría en demografía, El Colegio de México, 1981-1983.

Licenciatura en sociología, Facultad de Ciencias Políticas y Sociales, Universidad Nacional Autónoma de México (UNAM).

Actividades académicas / profesionales

Consultora, Fondo de Desarrollo de las Naciones Unidas para la Mujer, 1994 a la fecha.

Integrante del comité científico para la realización de la Investigación sobre Feminicidios en México, desde febrero 2006.

Consultora, Oficina de Estadística de Perú (INEI) y el Fondo de Población (revisión del cuestionario de la Encuesta Continua 2006, desde una perspectiva de Género).

Co-coordinadora del proyecto "El Programa Oportunidades Examinado Desde el Género", El Colegio de México-UNIFEM, 2005.

Consultora, Unidad de la Mujer de la Comisión Económica de América Latina (CEPAL, Chile). elaboración en co-autoría de "Guía de asistencia técnica para la producción y el uso de indicadores de género", 2005

Consultora, proyecto "Observatorio de Género y Pobreza", El Colegio de México-Indesol-UNIFEM, 2003-2004.

Elaboración, co-coordinación y seguimiento del proyecto "Sistema de Indicadores para el Seguimiento de la Situación de la Mujer (SISESIM) en México 1998-2002", (un resultado colateral de este proyecto ha sido la coordinación de cinco publicaciones temáticas sobre el enfoque de género en las estadísticas 1997- 2005 elaboradas por UNIFEM/Inmujeres/INEGI).

Asesorías para la incorporación del enfoque de género en las estadísticas en: Guatemala, Nicaragua, Costa Rica, El Salvador, Cuba y República Dominicana. Impulso y puesta en marcha de proyectos sobre la incorporación de la perspectiva de género en la producción estadística.

Consultora del Banco Interamericano de Desarrollo para la elaboración de la evaluación de medio término Balance del Proyecto PROLID (Programa de Liderazgo en América Latina), Unidad de la Mujer, División de Desarrollo Social, 2002.

Asesoría a la Oficina de estadística de República Dominicana para la revisión del cuestionario del Censo de Población desde una perspectiva de género, 2000.

Responsable de la investigación y análisis en el proyecto "Las mujeres y los asentamientos humanos en México", SEDESOL-UNIFEM, y co-autora de la publicación producto del proyecto "El mejoramiento del hábitat: las mujeres mexicanas en el gobierno local, en la gestión y en la producción", UNIFEM-SEDESOL, 1996, presentada por el Gobierno de México en la Conferencia de las Naciones Unidas sobre los Asentamientos Humanos (Hábitat II) en Estambul, Turquía, en el mismo año.

Coordinadora y coautora del libro La Mujer Mexicana: un balance estadístico al final del siglo XX, INEGI-UNIFEM, 1995. Libro presentado en la IV Conferencia Mundial de la Mujer, en la reunión de Organizaciones no gubernamentales, Beijing, China.

Investigadora en el proyecto Desarrollo de Indicadores sobre la Temática de la Mujer desde una Perspectiva de Género, Sociedad Mexicana de Demografía- CONAPO-UNFPA , 1996.

Consultora, UNIFEM/UNICEF , 1995. Coordinación y coautoría con Marcela Eternod y Clara Jusidman de la publicación Perfil Estadístico de la Población Mexicana: una aproximación a la inequidades socioeconómicas, regionales y de género, INEGI-Sistema Interagencial de las Naciones unidas, 1995.

Asesora, Subsecretaría de Organización y Desarrollo de la SSA, 1992-1994.

Coordinadora de investigación estadística y editorial, Atlas de la Salud de México, 1993.

Directora de diseño conceptual y metodológico del Censo de Población y Vivienda de 1990 en México, Instituto Nacional de Estadística Geografía e Informática (INEGI), 1984-1990.

Investigadora en el Grupo de diseño conceptual del Censo de Población de 1980, responsable de la temática de Hogares y Familias, Dirección General de Estadística, 1978-1981.

Investigadora en el proyecto "Confronta estadística sociodemográfica", Dirección General de Estadística, 1977-1978.

Supervisora en la Encuesta Nacional de Fecundidad, Dirección General de Estadística-Naciones Unidas, 1975-1976.

Áreas de interés

Género y pobreza.

Publicaciones recientes

"La Discriminación contra las mujeres: una mirada desde las percepciones", en Miguel Székely (coordinador), *La discriminación en México*, Miguel Porrúa, en prensa, 2005.

(Con Guadalupe Espinosa), *Guía de asistencia técnica para la producción y el uso de indicadores de género*, CEPAL-UNIFEM, en prensa, 2005.

(Con Vania Salles), "Viviendas pobres en contextos urbanos: espacios de vivencias y de privaciones", en M. de la Paz López y Vania Salles (coordinadoras), *Pobreza y Género*, en edición.

CARLOS MANCERA

Estudios

Licenciatura en economía, Instituto Tecnológico Autónomo de México (ITAM), 1981-1986.

Actividades académicas / profesionales

Socio, Despacho Valora Consultoría (especializado en temas de educación y cultura), 2001 a la fecha.

Subsecretario de planeación y coordinación, Secretaría de Educación Pública, 1994-2001.

Director adjunto de política científica y tecnológica, Consejo Nacional de Ciencia y Tecnología (CONACYT), febrero 1994-noviembre 1994.

Coordinador de asesores del secretario de educación pública, 1992-1994.

Coordinador de asesores del secretario de programación y presupuesto, 1988-1991.

Asesor del subsecretario de control presupuestal, Subsecretaría de Programación y Presupuesto, 1987-1988.

Profesor de economía, ITAM, 1988-1993.

Áreas de interés.

Economía y educación.

RICARDO SAMANIEGO BREACH

Estudios

Candidato a doctor en economía, Universidad de Chicago, 1980-1983.

Maestría en economía, Universidad de Chicago, 1978-1980.

Licenciatura en economía, Instituto Tecnológico Autónomo de México (ITAM), 1974-1978.

Actividades académicas

Director, Centro de Economía Aplicada y Políticas Públicas, ITAM, 2002 a la fecha.

Profesor, Departamento de Economía, ITAM, 2001 a la fecha.

Director, Maestría en economía, ITAM, 2002-2006.

Director de la Maestría en políticas públicas; director de

134

Evalúa y Decide. Evaluación de las propuestas de los candidatos a la Presidencia 2006

la Maestría en economía; jefe del Departamento de Economía; profesor Investigador de tiempo completo, ITAM, 1983-1991.

Investigador visitante, Universidad de California (Los Angeles), 1989-1990.

Investigador visitante, Laboratorio de Energía, MIT, para coordinar el proyecto "Demanda sectorial, perspectivas de la oferta y efectos macroeconómicos de la energía en México", 1981- 1982.

Coordinador de asesores del secretario de energía; jefe de la Unidad de Políticas y Programas Energéticos; jefe de la Unidad de Apoyo al Sector Operativo; subsecretario interino de política y desarrollo de energéticos; presidente de la junta de gobierno del Instituto Nacional de Investigaciones Nucleares; presidente del Comité de Comercio Exterior de Petróleo; secretario de la Junta de Gobierno de la Comisión Federal de Electricidad; secretario de la Junta de Gobierno de Luz y Fuerza del Centro; jefe de la Delegación Mexicana en la Reunión de Ministros de la OPEP, Viena 1998.

Director de modernización y cambio estructural, Comisión Federal de Electricidad, mayo 1998-febrero 1999.

Coordinador de asesores del secretario de finanzas; director general de administración financiera; director general del comité de planeación del desarrollo del Distrito Federal; coordinador de asesores del secretario de planeación y evaluación del Distrito Federal; secretario técnico del Pacto para el Crecimiento y la Estabilidad Económica del Distrito Federal, Gobierno del Distrito Federal (1991-1997).

Consultor del Banco Mundial, 1983-2005.

Consultor del Banco Interamericano de Desarrollo, 2002.

Economista, Fondo Monetario Internacional, veranos 1980-1981.

Áreas de interés

Políticas públicas, economía urbana, economía de la energía, economía del medio ambiente, productividad.

Publicaciones recientes

"El rol de las instituciones en el desarrollo económico de México: Elementos analíticos y propuestas para su fortalecimiento", Ibergop-México, El Fortalecimiento Institucional de México, Ibergop e ITAM, Editorial Porrúa, 2006.

(Con Omar Romero y David Romo), Industria y medio ambiente en México: Hacia un nuevo paradigma para el control de la contaminación, ITAM-H. Cámara de Diputados-Miguel Ángel Porrúa, 2005.

(Compilación con Con Arturo Fernández, Victor Blanco y Rafael Fernández de Castro), Profundización de la Integración Económica de México: Análisis y recomendaciones en los ámbitos económico, jurídico-institucional y político, Ibergop e ITAM, Editorial Porrúa, 2005.

JOHN SCOTT ANDRETTA

Estudios

Doctorado en economía, Universidad de Oxford.
Maestría en economía, Universidad de Oxford.
Licenciatura en filosofía, New York University.

Actividades académicas / profesionales

Profesor investigador, División de Economía, Centro de Investigación y Docencia Económicas (CIDE), 1991 a la fecha.

Director Interino, Programa de Economía de la Salud, CIDE, 1998-99.

Director, División de Economía, CIDE, 1995-97.

Investigador, National Economic Research Associates (NERA), Madrid, 1991.

Coordinador (con Rodolfo de la Torre y Luis Felipe López Calva), Capítulo Mexicano de la Red sobre Desigualdad y Pobreza en América Latina y el Caribe, BID-Banco Mundial-LACEA, 1999.

Miembro del Consejo Académico, Departamento de Economía, Universidad Iberoamericana (UIA), 1999.

Miembro del Consejo Editorial, Océano-CIDE, Serie Académica, 1998.

Miembro del Consejo Editorial, *Economía Mexicana: Nueva Época*, 1995-1997.

Miembro del Consejo Editorial, *El Trimestre Económico*, 1992-1994.

Áreas de interés

Medidas de bienestar, desigualdad y pobreza, fundamentos de la economía del bienestar y la teoría de decisión, economía urbana y regional, desarrollo de capital humano, economía de la salud, política social y pobreza, capital humano.

Publicaciones recientes

(Con Fausto Hernández y Andrés Zamudio Carrillo), *La Reforma hacendaria integral: Algunos retos*, Este País, México, 2001 .

"Distributive Incidence of social spending in Mexico", DE, CIDE, México. 2001.

Who Benefits from the State in High-inequality, Middle-Income countries? The Case of Mexico, Programa de Presupuesto y Gasto Público CIDE-FORD , México, 2000.

ANEXO II.

MATERIALES EVALUADOS

Primera Etapa

Felipe Calderón Hinojosa

Felipe Calderón Hinojosa. *El reto de México.* México D.F., 5 de septiembre del 2005.

Propuestas escritas que los candidatos entregaron a Televisa para la realización del programa *Diálogos por México.*

Plataforma electoral registrada ante el IFE en el mes de 2006.

Roberto Madrazo Pintado

Roberto Madrazo Pintado. *Bases para un gobierno firme y con rumbo.* 2da Edición, México D.F., 2005.

Propuestas escritas que los candidatos entregaron a Televisa para la realización del programa *Diálogos por México.*

Plataforma electoral registrada ante el IFE en el mes de enero de 2006.

Andrés Manuel López Obrador

Andrés Manuel López Obrador. *50 compromisos para recuperar el orgullo nacional.* México D.F., 17 de julio del 2005.

Propuestas escritas que los candidatos entregaron a Televisa para la realización del programa *Diálogos por México.*

Plataforma electoral registrada ante el IFE en el mes de enero de 2006.

Segunda Etapa

Felipe Calderón Hinojosa

Empleo para todos. Propuesta de Felipe Calderón, abril de 2006.

Debate presidencial 2006. Versión estenográfica del Primer Debate de los Candidatos a la Presidencia de la República. World Trade Center, México D.F. a 25 de abril del 2006.

Vivienda para todos. Propuesta de Felipe Calderón, abril de 2006.

Turismo para el Desarrollo Nacional. Propuesta de Felipe Calderón, abril de 2006

Transformación Educativa. Propuesta de Felipe Calderón, abril de 2006.

Superación de la Pobreza. Propuesta de Felipe Calderón, abril de 2006.

Desarrollo Sustentable. Propuesta de Felipe Calderón, abril de 2006.

La Salud en México. Propuesta de Felipe Calderón abril de 2006.

Pueblos y Comunidades Indígenas. Propuesta de Felipe Calderón, abril de 2006.

Equidad de Género. Propuesta de Felipe Calderón, abril de 2006.

Adultos Mayores. Propuesta de Felipe Calderón, abril de 2006.

Personas con Discapacidad. Propuesta de Felipe Calderón, abril de 2006.

Los Niños en Situación de Calle. Propuesta de Felipe Calderón, abril de 2006.

Palabras de Felipe Calderón ante el Consejo Mexicano de Asuntos Internacionales (COMEXI), 28 de Marzo de 2006.

Extractos de los temas del área internacional de: Federico Reyes Heroles y Eduardo Bohórquez (coordinadores). *En Negro sobre Blanco. Los candidatos se comprometen por escrito.* México, FCE-Este país, 2006.

Nueva revisión de las propuestas escritas que los candidatos entregaron a Televisa para la realización del programa *Diálogos por México.*

Roberto Madrazo Pintado

Propuesta para Modernizar el Sistema de Justicia en México.

Los 10 compromisos de Roberto Madrazo para Modernizar el Sector de Energía, 2006-2012. Mesa temática.

Palabras del candidato a la Presidencia de la República por la Alianza por México, 69 Convención Nacional Bancaria, 24 de marzo de 2006.

Debate presidencial 2006. Versión estenográfica del Primer Debate de los Candidatos a la Presidencia de la República. World Trade Center, México D.F. a 25 de abril del 2006.

Mensaje del candidato de la Alianza por México (PRI-PVEM) a la Presidencia de la República, Roberto Madrazo Pintado, durante la instalación del Foro "Soberanía y Política Exterior en la Globalidad", del Consejo Consultivo para un Gobierno Firme y con Rumbo, México, D.F. 27 de marzo de 2006.

Palabras de la Embajadora Roberta Lajous en el Foro "Hacia una nueva agenda de Política Exterior, 2006-2012". CAI/CEN/PRI, 27 de marzo de 2006.

Mensaje pronunciado por el candidato de la Alianza por México (PRI-PVEM) a la Presidencia de la República, durante el Foro Temático sobre la Política Exterior, organizado por el Consejo Consultivo para un Gobierno Firme y con Rumbo, Naucalpan, Edo. De México, 21 de mayo de 2006.

Palabras de la Embajadora Roberta Lajous durante el Foro Foro Temático sobre la Política Exterior, organizado por el Consejo Consultivo para un Gobierno Firme y con Rumbo, Naucalpan, Edo. De México, 21 de mayo de 2006.

Extractos de los temas del área internacional de: Federico Reyes Heroles y Eduardo Bohórquez (coordinadores). *En Negro sobre Blanco. Los candidatos se comprometen por escrito.* México, FCE-Este país, 2006.

Nueva revisión de las propuestas escritas que los candidatos entregaron a Televisa para la realización del programa *Diálogos por México.*

Andrés Manuel López Obrador

Palabras del candidato Andrés M. López Obrador en su discurso sobre Política Exterior, Ciudad Juárez, Chih., 21 de marzo de 2006.

Palabras del candidato Andrés M. López Obrador en el foro "Dignidad de la República", Consejo Consultivo para un Proyecto Alternativo de Nación, Ciudad de México, 2 de mayo de 2006.

Extractos de los temas del área internacional de: Federico Reyes Heroles y
Eduardo Bohórquez (coordinadores). En *Negro sobre Blanco. Los candidatos se
comprometen por escrito.* México, FCE-Este país, 2006.

Nueva revisión de las propuestas escritas que los candidatos entregaron a Televisa para la realización del programa *Diálogos por México.*

Tercera Etapa

Felipe Calderón Hinojosa

Propuesta en Materia de Política Exterior. Felipe Calderón.

Extractos de los temas de las áreas económica, política, social y de Edo. de derecho de: Federico Reyes Heroles y Eduardo Bohórquez (coordinadores). En
Negro sobre Blanco. Los candidatos se comprometen por escrito. México,
FCE-Este país, 2006.

Segundo debate presidencial 2006. Versión estenográfica del Segundo Debate
de los Candidatos a la Presidencia de la República. World Trade Center,
México D.F. a 6 de junio del 2006.

Roberto Madrazo Pintado

Extractos de los temas de las áreas económica, política, social y de Edo. de
derecho de: Federico Reyes Heroles y Eduardo Bohórquez (coordinadores).
En *Negro sobre Blanco. Los candidatos se comprometen por escrito.* México, FCE-Este
país, 2006.

Segundo debate presidencial 2006. Versión estenográfica del Segundo Debate
de los Candidatos a la Presidencia de la República. World Trade Center,
México D.F. a 6 de junio del 2006.

Andrés Manuel López Obrador

Extractos de los temas de las áreas económica, política, social y de Edo. de
derecho de: Federico Reyes Heroles y Eduardo Bohórquez (coordinadores).
En *Negro sobre Blanco. Los candidatos se comprometen por escrito.* México, FCE-Este
país, 2006.

Segundo debate presidencial 2006. Versión estenográfica del Segundo Debate
de los Candidatos a la Presidencia de la República. World Trade Center,
México D.F. a 6 de junio del 2006.

ANEXO III.

CALIFICACIONES POR ÁREA Y POR TEMA

ÁREA ESTADO DE DERECHO

Resultados Generales

	FCH			RMP			AMLO		
Evaluación	1	2	3	1	2	3	1	2	3
Calif. parcial 35%	-	-	-	-	-	-	-	-	-
Calif. parcial 35%	-	-	-	-	-	-	-	-	-
Calif. parcial 30%	-	-	-	-	-	-	-	-	-
Calificación final	0.3	1.9	2.0	0.6	1.7	2.0	0.5	1.9	1.7

1. Seguridad Pública y Justicia Penal

	FCH			RMP			AMLO		
Evaluación	1	2	3	1	2	3	1	2	3
Diseño	1.4	3.0	3.1	1.0	2.5	3.0	0.5	2.6	2.0
Viabilidad	0.7	2.4	2.8	1.0	1.8	2.8	1.3	3.1	3.1
Implementación	0.0	1.4	1.4	0.0	1.6	1.6	0.0	1.4	1.4
Calificación final	0.7	2.3	2.5	0.7	2.0	2.5	0.6	2.4	2.2

2. Derechos Humanos

	FCH			RMP			AMLO		
Evaluación	1	2	3	1	2	3	1	2	3
Diseño	-	-	-	-	-	-	-	-	-
Viabilidad	-	-	-	-	-	-	-	-	-
Implementación	-	-	-	-	-	-	-	-	-
Calificación final	0.2	0.9	0.9	0.9	1.6	1.8	0.9	1.1	1.1

3. Sistema Judicial

	FCH			RMP			AMLO		
Evaluación	1	2	3	1	2	3	1	2	3
Diseño	-	-	-	-	-	-	-	-	-
Viabilidad	-	-	-	-	-	-	-	-	-
Implementación	-	-	-	-	-	-	-	-	-
Calificación final	0.0	1.4	1.4	0.1	0.8	0.8	0.0	1.0	1.0

ÁREA POLÍTICA

Resultados Generales

Evaluación	FCH			RMP			AMLO		
	1	2	3	1	2	3	1	2	3
Calif. parcial 35%	2.0	2.4	2.7	2.1	2.1	2.8	1.4	1.4	1.0
Calif. parcial 35%	2.0	2.2	2.5	2.0	2.0	2.4	1.2	1.2	0.9
Calif. parcial 30%	1.8	1.9	1.8	1.7	1.7	1.9	1.3	1.3	0.9
Calificación final	**1.9**	**2.2**	**2.3**	**1.9**	**1.9**	**2.4**	**1.3**	**1.3**	**1.0**

1. Ejecutivo

Evaluación	FCH			RMP			AMLO		
	1	2	3	1	2	3	1	2	3
Diseño	1.6	2.6	2.9	1.8	1.8	2.4	0.7	0.7	0.7
Viabilidad	1.8	2.2	2.5	2.5	2.5	2.5	0.8	0.8	0.8
Implementación	0.6	1.7	1.7	1.3	1.3	1.3	0.7	0.7	0.7
Calificación final	**1.4**	**2.2**	**2.4**	**1.9**	**1.9**	**2.2**	**0.7**	**0.7**	**0.8**

2. Legislativo

Evaluación	FCH			RMP			AMLO		
	1	2	3	1	2	3	1	2	3
Diseño	2.6	2.8	2.2	1.5	1.5	2.7	1.1	1.1	1.0
Viabilidad	1.8	2.2	2.5	1.4	1.4	2.6	1.1	1.1	1.0
Implementación	1.7	1.9	1.6	1.3	1.3	2.0	1.1	1.1	1.0
Calificación final	**2.0**	**2.3**	**2.1**	**1.4**	**1.4**	**2.4**	**1.1**	**1.1**	**1.0**

3. Sistema Político y Electoral

Evaluación	FCH			RMP			AMLO		
	1	2	3	1	2	3	1	2	3
Diseño	2.3	2.3	2.9	2.0	2.0	2.6	3.0	3.0	1.6
Viabilidad	2.1	2.1	2.5	2.2	2.2	2.7	2.0	2.0	0.9
Implementación	2.1	2.1	2.0	2.0	2.0	2.1	2.1	2.1	0.9
Calificación final	**2.2**	**2.2**	**2.5**	**2.1**	**2.1**	**2.5**	**2.3**	**2.3**	**1.2**

4. Transparencia y Rendición de Cuentas

	FCH			RMP			AMLO		
Evaluación	**1**	**2**	**3**	**1**	**2**	**3**	**1**	**2**	**3**
Diseño	1.8	2.2	3.1	3.0	3.0	3.2	0.8	0.8	0.8
Viabilidad	2.4	2.3	2.7	2.0	2.0	2.3	1.0	1.0	1.0
Implementación	2.2	1.6	2.0	1.8	1.8	2.2	1.0	1.0	1.0
Calificación final	**2.1**	**2.1**	**2.6**	**2.3**	**2.3**	**2.6**	**0.9**	**0.9**	**0.9**

5. Federalismo

	FCH			RMP			AMLO		
Evaluación	**1**	**2**	**3**	**1**	**2**	**3**	**1**	**2**	**3**
Diseño	1.6	2.3	2.2	2.1	2.1	3.0	1.3	1.3	0.8
Viabilidad	2.0	2.2	2.3	1.9	1.9	2.0	1.1	1.1	1.0
Implementación	2.2	2.2	1.6	2.0	2.0	1.8	1.6	1.6	1.0
Calificación final	**1.9**	**2.2**	**2.1**	**2.0**	**2.0**	**2.3**	**1.3**	**1.3**	**0.9**

ÁREA INTERNACIONAL

Resultados Generales

Evaluación	FCH			RMP			AMLO		
	1	2	3	1	2	3	1	2	3
Calif. parcial 35%	0.1	2.2	2.4	0.8	2.8	2.8	0.3	2.0	2.0
Calif. parcial 35%	0.2	2.8	2.8	0.8	2.8	2.8	0.0	0.4	0.4
Calif. parcial 30%	0.2	2.0	2.4	0.8	2.8	2.8	0.1	0.8	0.8
Calificación final	**0.2**	**2.4**	**2.5**	**0.8**	**2.8**	**2.8**	**0.1**	**1.1**	**1.1**

1. Política Exterior

Evaluación	FCH			RMP			AMLO		
	1	2	3	1	2	3	1	2	3
Diseño	0.1	2.2	2.4	0.8	2.8	2.8	0.3	2.0	2.0
Viabilidad	0.2	2.8	2.8	0.8	2.8	2.8	0.0	0.4	0.4
Implementación	0.2	2.0	2.4	0.8	2.8	2.8	0.1	0.8	0.8
Calificación final	**0.2**	**2.4**	**2.5**	**0.8**	**2.8**	**2.8**	**0.1**	**1.1**	**1.1**

2. Relaciones con Estados Unidos

Evaluación	FCH			RMP			AMLO		
	1	2	3	1	2	3	1	2	3
Diseño	–	–	–	–	–	–	–	–	–
Viabilidad	–	–	–	–	–	–	–	–	–
Implementación	–	–	–	–	–	–	–	–	–
Calificación final	**0.8**	**3.0**	**3.0**	**0.4**	**2.0**	**2.0**	**0.0**	**1.0**	**1.0**

3. TLCAN

Evaluación	FCH			RMP			AMLO		
	1	2	3	1	2	3	1	2	3
Diseño	0.8	2.5	2.8	0.4	3.0	3.0	1.2	1.3	1.3
Viabilidad	1.2	2.2	2.4	0.0	3.0	3.0	1.2	1.0	1.0
Implementación	1.2	1.8	2.1	0.0	3.0	3.0	0.8	1.2	1.2
Calificación final	**1.1**	**2.2**	**2.5**	**0.1**	**3.0**	**3.0**	**1.1**	**1.2**	**1.2**

4. Migración

Evaluación	FCH			RMP			AMLO		
	1	2	3	1	2	3	1	2	3
Diseño	–	–	–	–	–	–	–	–	–
Viabilidad	–	–	–	–	–	–	–	–	–
Implementación	–	–	–	–	–	–	–	–	–
Calificación final	0.2	1.2	2.0	1.4	2.3	2.3	0.1	1.0	1.0

5. Latinoamérica

Evaluación	FCH			RMP			AMLO		
	1	2	3	1	2	3	1	2	3
Diseño	–	–	–	–	–	–	–	–	–
Viabilidad	–	–	–	–	–	–	–	–	–
Implementación	–	–	–	–	–	–	–	–	–
Calificación final	0.3	0.7	0.7	0.4	1.3	1.3	0.0	0.4	0.4

6. Europa

Evaluación	FCH			RMP			AMLO		
	1	2	3	1	2	3	1	2	3
Diseño	–	–	–	–	–	–	–	–	–
Viabilidad	–	–	–	–	–	–	–	–	–
Implementación	–	–	–	–	–	–	–	–	–
Calificación final	0.2	0.3	0.3	0.8	1.2	1.2	0.0	0.3	0.3

7. Cuenca Asia-Pacífico

Evaluación	FCH			RMP			AMLO		
	1	2	3	1	2	3	1	2	3
Diseño	–	–	–	–	–	–	–	–	–
Viabilidad	–	–	–	–	–	–	–	–	–
Implementación	–	–	–	–	–	–	–	–	–
Calificación final	0.0	2.0	2.0	0.0	2.1	2.1	0.0	0.4	0.4

ÁREA ECONOMÍA

Resultados Generales

Evaluación	FCH			RMP			AMLO		
	1	2	3	1	2	3	1	2	3
Calif. parcial 35%	2.8	2.9	2.8	1.9	2.2	2.2	1.3	2.1	2.1
Calif. parcial 35%	2.3	2.5	2.5	2.3	2.5	2.4	1.4	2.2	2.2
Calif. parcial 30%	2.3	2.7	2.6	2.3	2.4	2.3	1.3	2.3	2.1
Calificación final	**2.5**	**2.7**	**2.6**	**2.2**	**2.4**	**2.3**	**1.3**	**2.2**	**2.1**

1. Política Monetaria y Cambiaria

Evaluación	FCH			RMP			AMLO		
	1	2	3	1	2	3	1	2	3
Diseño	2.7	3.2	3.2	3.0	3.0	3.0	0.9	3.3	3.3
Viabilidad	3.1	3.4	3.4	4.0	4.0	4.0	0.5	3.3	3.3
Implementación	2.0	3.0	3.0	4.0	4.0	4.0	0.5	3.2	3.2
Calificación final	**2.6**	**3.2**	**3.2**	**3.7**	**3.7**	**3.7**	**0.6**	**3.3**	**3.3**

2. Política Tributaria y Deuda Pública

Evaluación	FCH			RMP			AMLO		
	1	2	3	1	2	3	1	2	3
Diseño	3.1	3.4	3.4	0.2	1.5	1.5	1.2	1.7	1.7
Viabilidad	1.5	2.0	2.0	1.2	1.8	1.8	1.7	2.0	2.0
Implementación	2.9	3.0	3.0	1.3	1.9	1.9	1.4	1.9	1.9
Calificación final	**2.5**	**2.8**	**2.8**	**0.9**	**1.7**	**1.7**	**1.4**	**1.9**	**1.9**

3. Pensiones

Evaluación	FCH			RMP			AMLO		
	1	2	3	1	2	3	1	2	3
Diseño	2.5	2.5	2.5	1.8	1.8	1.8	1.3	1.3	1.3
Viabilidad	1.9	1.9	1.9	1.7	1.7	1.7	1.4	1.4	1.4
Implementación	2.5	2.5	2.5	2.1	2.1	2.1	1.8	1.8	1.8
Calificación final	**2.3**	**2.3**	**2.3**	**1.9**	**1.9**	**1.9**	**1.5**	**1.5**	**1.5**

4. Infraestructura

Evaluación	FCH			RMP			AMLO		
	1	2	3	1	2	3	1	2	3
Diseño	1.9	1.9	1.9	1.7	1.7	1.7	1.2	2.4	2.4
Viabilidad	2.2	2.2	2.2	2.0	2.0	2.0	2.2	2.5	2.5
Implementación	1.4	1.4	1.4	1.5	1.5	1.5	1.1	2.3	2.3
Calificación final	**1.8**	**1.8**	**1.8**	**1.7**	**1.7**	**1.7**	**1.5**	**2.4**	**2.4**

5. Federalismo Hacendario y Desarrollo Regional

Evaluación	FCH			RMP			AMLO		
	1	2	3	1	2	3	1	2	3
Diseño	2.0	2.4	2.4	1.7	1.6	1.7	0.1	1.6	1.6
Viabilidad	1.0	1.8	1.8	1.4	1.4	1.4	0.1	1.7	1.7
Implementación	1.7	2.6	2.6	1.4	1.4	1.4	0.1	1.6	1.6
Calificación final	**1.5**	**2.2**	**2.2**	**1.5**	**1.5**	**1.5**	**0.1**	**1.6**	**1.6**

6. Competitividad

Evaluación	FCH			RMP			AMLO		
	1	2	3	1	2	3	1	2	3
Diseño	3.3	3.1	3.1	2.8	3.0	3.0	1.4	1.6	1.6
Viabilidad	3.2	3.0	3.0	2.3	2.5	2.5	1.7	1.9	1.9
Implementación	–	2.5	2.5	–	2.5	2.5	–	2.2	2.2
Calificación final	**3.3**	**2.9**	**2.9**	**2.6**	**2.7**	**2.7**	**1.6**	**1.9**	**1.9**

7. Empleo

Evaluación	FCH			RMP			AMLO		
	1	2	3	1	2	3	1	2	3
Diseño	2.3	2.3	2.3	2.3	2.4	2.4	1.8	1.9	1.9
Viabilidad	2.3	2.4	2.4	2.6	2.7	2.7	1.9	2.1	2.1
Implementación	–	–	–	–	–	–	–	–	–
Calificación final	**2.3**	**2.4**	**2.4**	**2.5**	**2.5**	**2.5**	**1.9**	**2.0**	**2.0**

8. Sector Energético

	FCH			RMP			AMLO		
Evaluación	1	2	3	1	2	3	1	2	3
Diseño	2.3	–	2.3	1.9	–	1.9	2.0	–	2.0
Viabilidad	2.1	–	2.1	2.0	–	2.0	2.5	–	2.0
Implementación	2.0	–	2.0	2.1	–	2.1	2.4	–	1.9
Calificación final	2.3	–	2.3	2.0	–	2.0	2.3	–	2.0

9. Desarrollo Rural

	FCH			RMP			AMLO		
Evaluación	1	2	3	1	2	3	1	2	3
Diseño	2.8	–	2.8	2.7	–	2.7	1.6	–	1.6
Viabilidad	2.9	–	2.9	2.3	–	2.3	1.5	–	1.5
Implementación	2.0	–	2.0	2.0	–	2.0	2.0	–	2.0
Calificación final	2.6	–	2.6	2.3	–	2.3	1.7	–	1.7

10. Vivienda

	FCH			RMP			AMLO		
Evaluación	1	2	3	1	2	3	1	2	3
Diseño	3.3	–	3.3	2.3	–	2.3	2.5	–	2.5
Viabilidad	3.2	–	3.2	2.1	–	2.1	2.5	–	2.5
Implementación	2.8	–	2.8	2.1	–	2.1	2.1	–	2.1
Calificación final	3.1	–	3.1	2.2	–	2.2	2.4	–	2.4

11. Política Industrial

	FCH			RMP			AMLO		
Evaluación	1	2	3	1	2	3	1	2	3
Diseño	–	–	2.5	–	–	2.0	–	–	2.0
Viabilidad	–	–	2.8	–	–	1.5	–	–	1.5
Implementación	–	–	2.8	–	–	1.2	–	–	1.0
Calificación final	–	–	2.7	–	–	1.6	–	–	1.5

12. Turismo

Evaluación	FCH			RMP			AMLO		
	1	2	3	1	2	3	1	2	3
Diseño	–	–	–	–	–	–	–	–	–
Viabilidad	–	–	–	–	–	–	–	–	–
Implementación	–	–	–	–	–	–	–	–	–
Calificación final	–	–	1.8	–	–	1.6	–	–	1.5

ÁREA SOCIAL

Resultados Generales

	FCH			RMP			AMLO		
Evaluación	**1**	**2**	**3**	**1**	**2**	**3**	**1**	**2**	**3**
Calif. parcial 35%	2.2	2.7	2.3	2.1	2.4	2.1	0.9	1.2	1.2
Calif. parcial 35%	2.1	2.3	2.0	2.2	2.3	2.0	1.2	1.3	1.2
Calif. parcial 30%	1.9	2.3	2.1	2.0	2.1	2.0	1.3	1.3	1.3
Calificación final	**2.1**	**2.4**	**2.1**	**2.1**	**2.3**	**2.0**	**1.1**	**1.3**	**1.3**

1. Educación General

	FCH			RMP			AMLO		
Evaluación	**1**	**2**	**3**	**1**	**2**	**3**	**1**	**2**	**3**
Diseño	2.0	2.4	2.4	2.3	2.4	2.4	0.5	1.1	1.1
Viabilidad	2.3	2.2	2.2	2.4	2.3	2.3	1.3	1.3	1.3
Implementación	1.8	2.4	2.4	2.3	2.4	2.4	1.0	1.5	1.5
Calificación final	**2.0**	**2.3**	**2.3**	**2.3**	**2.4**	**2.4**	**0.9**	**1.3**	**1.3**

2. Política Educativa

	FCH			RMP			AMLO		
Evaluación	**1**	**2**	**3**	**1**	**2**	**3**	**1**	**2**	**3**
Diseño	2.0	2.3	2.3	2.6	2.8	2.8	0.9	1.1	1.1
Viabilidad	2.6	2.6	2.6	2.4	2.7	2.7	1.5	1.5	1.5
Implementación	1.8	2.3	2.3	2.4	2.6	2.6	1.2	1.4	1.4
Calificación final	**2.2**	**2.4**	**2.4**	**2.5**	**2.7**	**2.7**	**1.2**	**1.3**	**1.3**

3. Docencia y Carrera Magisterial

	FCH			RMP			AMLO		
Evaluación	**1**	**2**	**3**	**1**	**2**	**3**	**1**	**2**	**3**
Diseño	2.2	2.2	2.2	2.3	2.3	2.3	0.4	2.8	2.8
Viabilidad	2.2	2.2	2.2	2.4	2.4	2.4	-	2.3	2.3
Implementación	1.7	1.7	1.7	2.2	2.2	2.2	-	2.3	2.3
Calificación final	**2.0**	**2.0**	**2.0**	**2.3**	**2.3**	**2.3**	**0.4**	**2.5**	**2.5**

4. Educación Básica y Alfabetismo

	FCH			RMP			AMLO		
Evaluación	1	2	3	1	2	3	1	2	3
Diseño	2.2	2.3	2.3	2.8	2.8	2.8	0.4	1.3	1.3
Viabilidad	2.2	2.4	2.4	2.6	2.6	2.6	1.6	1.7	1.7
Implementación	1.8	2.2	2.2	2.5	2.5	2.5	0.9	1.2	1.2
Calificación final	**2.1**	**2.3**	**2.3**	**2.6**	**2.6**	**2.6**	**1.0**	**1.4**	**1.4**

5. Educación Media Superior

	FCH			RMP			AMLO		
Evaluación	1	2	3	1	2	3	1	2	3
Diseño	2.4	2.5	2.5	1.3	1.3	1.3	0.6	0.6	0.6
Viabilidad	2.2	2.3	2.3	1.9	1.9	1.9	1.5	1.5	1.5
Implementación	2.1	2.1	2.1	1.7	1.8	1.8	1.3	1.3	1.3
Calificación final	**2.2**	**2.3**	**2.3**	**1.6**	**1.7**	**1.7**	**1.1**	**1.1**	**1.1**

6. Educación Superior

	FCH			RMP			AMLO		
Evaluación	1	2	3	1	2	3	1	2	3
Diseño	1.4	2.8	2.8	2.8	2.8	2.8	0.0	0.0	0.0
Viabilidad	2.1	2.5	2.5	2.6	2.6	2.6	0.6	0.6	0.6
Implementación	1.5	2.5	2.5	2.6	2.6	2.6	0.5	0.5	0.5
Calificación final	**1.7**	**2.6**	**2.6**	**2.7**	**2.7**	**2.7**	**0.3**	**0.3**	**0.3**

7. Pobreza

	FCH			RMP			AMLO		
Evaluación	1	2	3	1	2	3	1	2	3
Diseño	2.4	2.9	2.9	2.1	2.2	2.2	1.3	1.3	1.3
Viabilidad	2.5	2.4	2.4	2.3	2.3	2.3	1.3	1.3	1.3
Implementación	2.5	2.4	2.4	2.1	2.1	2.1	1.5	1.5	1.5
Calificación final	**2.5**	**2.6**	**2.6**	**2.2**	**2.2**	**2.2**	**1.4**	**1.4**	**1.4**

8. Salud

Evaluación	FCH			RMP			AMLO		
	1	2	3	1	2	3	1	2	3
Diseño	2.5	2.9	2.9	1.7	2.1	2.1	1.1	1.1	1.1
Viabilidad	2.0	2.1	2.1	2.1	2.1	2.1	1.2	1.2	1.2
Implementación	2.1	2.4	2.4	2.0	2.2	2.2	1.2	1.2	1.2
Calificación final	**2.2**	**2.5**	**2.5**	**2.0**	**2.1**	**2.1**	**1.2**	**1.2**	**1.2**

9. Medio Ambiente General

Evaluación	FCH			RMP			AMLO		
	1	2	3	1	2	3	1	2	3
Diseño	1.6	2.6	2.7	2.4	2.6	2.6	1.0	1.1	1.1
Viabilidad	1.5	2.3	2.3	2.0	2.2	2.2	1.2	1.2	1.2
Implementación	1.2	2.2	2.3	1.6	1.8	1.9	1.2	1.1	1.1
Calificación final	**1.5**	**2.4**	**2.5**	**2.0**	**2.2**	**2.3**	**1.1**	**1.1**	**1.1**

10. Política Ambiental

Evaluación	FCH			RMP			AMLO		
	1	2	3	1	2	3	1	2	3
Diseño	1.8	2.7	3.0	2.9	2.9	2.9	1.2	1.2	1.2
Viabilidad	1.2	2.4	2.4	2.3	2.4	2.4	1.0	1.0	1.0
Implementación	1.6	2.2	2.5	2.0	1.8	1.8	1.1	1.1	1.1
Calificación final	**1.5**	**2.4**	**2.6**	**2.4**	**2.4**	**2.4**	**1.1**	**1.1**	**1.1**

11. Medio Natural

Evaluación	FCH			RMP			AMLO		
	1	2	3	1	2	3	1	2	3
Diseño	1.5	2.8	2.8	2.0	2.7	2.8	1.0	1.0	1.0
Viabilidad	1.5	2.2	2.2	1.8	2.2	2.2	1.2	1.2	1.2
Implementación	1.4	2.4	2.4	1.7	2.1	2.1	1.2	1.2	1.2
Calificación final	**1.5**	**2.5**	**2.5**	**1.9**	**2.3**	**2.4**	**1.1**	**1.1**	**1.1**

12. Conservación

	FCH			RMP			AMLO		
Evaluación	1	2	3	1	2	3	1	2	3
Diseño	1.6	2.4	2.4	2.2	2.2	2.2	1.2	1.2	1.2
Viabilidad	1.6	2.3	2.3	2.0	2.0	2.0	1.4	1.4	1.4
Implementación	1.2	2.0	2.0	1.8	1.8	1.8	1.1	1.1	1.1
Calificación final	**1.5**	**2.3**	**2.3**	**2.0**	**2.0**	**2.0**	**1.2**	**1.2**	**1.2**

13. Pueblos y Comunidades Indígenas

	FCH			RMP			AMLO		
Evaluación	1	2	3	1	2	3	1	2	3
Diseño	–	–	–	–	–	–	–	–	–
Viabilidad	–	–	–	–	–	–	–	–	–
Implementación	–	–	–	–	–	–	–	–	–
Calificación final	–	–	**1.6**	–	–	**1.8**	–	–	**1.4**

14. Equidad de Género

	FCH			RMP			AMLO		
Evaluación	1	2	3	1	2	3	1	2	3
Diseño	–	–	–	–	–	–	–	–	–
Viabilidad	–	–	–	–	–	–	–	–	–
Implementación	–	–	–	–	–	–	–	–	–
Calificación final	–	–	**1.2**	–	–	**1.0**	–	–	**1.0**

15. Grupos Vulnerables

	FCH			RMP			AMLO		
Evaluación	1	2	3	1	2	3	1	2	3
Diseño	–	–	–	–	–	–	–	–	–
Viabilidad	–	–	–	–	–	–	–	–	–
Implementación	–	–	–	–	–	–	–	–	–
Calificación final	–	–	**1.6**	–	–	**1.8**	–	–	**1.0**

Evalúa y decide. Evaluación de propuestas de candidatos a la Presidencia. Elecciones 2006 se terminó de imprimir en los talleres gráficos de Solar, Servicios Editoriales, S.A de C.V. calle 2 no 21 San Pedro de los Pinos, Ciudad de México, en el mes de noviembre de 2006.
El libro fue diseñado por el CENTRO DE ESTUDIOS AVANZADOS DE DISEÑO, A.C., Cholula, Puebla, México. Para la composición se utilizó el programa Adobe In-Design CS 2 y las tipografías Quadraat y Quadraat Sans. Tiraje 1000 ejemplares